»WILL KEINER TRINKEN? KEINER LACHEN?«

Goethe und der Wein

Herausgegeben
von Heiner Boehncke
und Joachim Seng

Mit Illustrationen

Insel Verlag

Insel-Bücherei 1400

Insel Verlag Berlin 2014

»Nach dem Gelde«, schreibt Goethe an seine Frau Christiane aus Karlsbad, »ist wohl der Wein am ersten werth daß man sein gedenke«. In Goethes umfangreichem Werk lassen sich viele Äußerungen finden, die dem Wein eine besondere Bedeutung beimessen. Kein anderer deutscher Dichter hat zum Lob des Weines so schöne Verse geschrieben. Die schönsten davon haben die Herausgeber in diesem Bändchen zu versammeln gesucht. Manche hat Goethe in der Werkausgabe von 1815 als ›Gesellige Lieder‹ herausgebracht, und einige davon sind von Komponisten wie Johann Friedrich Reichardt, Karl Friedrich Zelter oder Max Eberwein vertont worden und haben Eingang in studentische Kommers- und Liederbücher gefunden. Einige der bekanntesten Weingedichte stammen aus dem *West-östlichen Divan*, in dem Liebe und Wein zwei Hauptmotive sind.

In jeder Phase seines Lebens, von der Jugend bis ins hohe Alter, hat Goethe Verse über den Wein geschrieben. Während sich die ›Anthologie‹ der Seite der »Dichtung« widmet, ist die Wein-Biographie, die diesen Band beschließt, dem Leben, also der »Wahrheit«, gewidmet und zeigt, welche große Rolle der Wein in und für Goethes Leben spielte. Dass dem Rheingau dabei ein eigenes Kapitel zusteht, kann niemand wundern. Dieses Weinanbaugebiet in der Nähe seiner Geburtsstadt Frankfurt am Main, dessen Weine und

»Weingeschmückte Landesweiten« der Dichter zeitlebens rühmte, hat ihn sicher am stärksten geprägt.

Bei Goethe erscheint der Wein nicht allein als »Sorgenbrecher«, »Balsamsaft« und Medizin, er dient gleichsam als Lebenselixier und stimuliert die Schaffenskraft. Als Johann Peter Eckermann, Goethes Vertrauter, mit dem Dichter über die produktivitätsteigernden Stimulanzien spricht und erwähnt, dass einige Gläser Wein ein natürliches Mittel sein können, die eigene »productive Stimmung« zu steigern, stimmt ihm der Dichter vollkommen bei und sagt: »Es liegen im Wein allerdings productivmachende Kräfte sehr bedeutender Art, aber es kommt dabei alles auf Zustände und Zeit und Stunde an, und was dem einen nützt, schadet dem andern.« Der Wunsch der Herausgeber lautet daher: Mögen die erlesenen, hier bedichteten und kenntnisreich beschriebenen Weine beim Lesen getrunken oder beim Trinken gelesen werden. Oder anders, nämlich von Goethe gesagt:

Frisch! der Wein soll reichlich fließen!
Nichts Verdrießlichs weh' uns an!
Sage, willst du mitgenießen,
Hast du deine Pflicht getan?

Heiner Boehncke & Joachim Seng

Nehmt nur mein Leben hin, in Bausch
Und Bogen, wie ich's führe;
Andre verschlafen ihren Rausch,
Meiner steht auf dem Papiere.

Johann Joseph Schmeller, *Johann Wolfgang von Goethe*. Öl auf Leinwand, 1824 oder 1826/27.

Ein grauer trüber Morgen
Bedeckt mein Liebes Feld,
Im Nebel tief verborgen,
Liegt um mich her die Welt
O Liebliche Fridricke
Dürft ich nach Dir zurück
In einem Deiner Blicke
Liegt Sonnenschein und Glück

Der Baum in dessen Rinde
Mein Nam bei Deinem Steht,
Wird bleich vom rauhen Winde
Der jede Lust verweht
Der Wiesen grüner Schimmer
Wird trüb wie mein gesicht
Sie Sehen die Sonne nimmer
Und ich Fridricken nicht,

Bald geh ich in die Reben
Und herbste trauben ein
Umher ist alles Leben
Es strudelt neuer Wein,
Doch in der öden Laube
Ach, denk ich wär Sie hier,
Ich brächt ihr diese traube,
Und Sie – was gäb Sie mir

Es war ein König in Thule
Gar treu bis an das Grab,
Dem sterbend seine Buhle
Einen goldnen Becher gab.

Es ging ihm nichts darüber,
Er leert ihn jeden Schmaus;
Die Augen gingen ihm über,
So oft er trank daraus.

Und als er kam zu sterben,
Zählt' er seine Städt' im Reich,
Gönnt' alles seinem Erben,
Den Becher nicht zugleich.

Er saß beim Königsmahle,
Die Ritter um ihn her,
Auf hohem Vätersaale,
Dort auf dem Schloß am Meer.

Dort stand der alte Zecher,
Trank letzte Lebensglut,
Und warf den heil'gen Becher
Hinunter in die Flut.

Er sah ihn stürzen, trinken
Und sinken tief ins Meer.
Die Augen täten ihm sinken,
Trank nie einen Tropfen mehr.

Hoch auf dem alten Turme steht,
Des Helden edler Geist,
Der, wie das Schiff vorübergeht,
Es wohl zu fahren heißt.

»Sieh, diese Sonne war so stark,
Dies Herz so fest und wild,
Die Knochen voll von Rittermark,
Der Becher angefüllt;

Mein halbes Leben stürmt' ich fort,
Verdehnt' die Hälft' in Ruh.
Und du, du Menschen-Schifflein dort,
Fahr immer, immer zu.«

Fetter grüne, du Laub',
Am Rebengeländer
Hier mein Fenster herauf;
Gedrängter quellet,
Zwillingsbeeren, und reifet
Schneller und glänzend voller.
Euch brütet der Mutter Sonne
Scheideblick; euch umsäuselt
Des holden Himmels
Fruchtende Fülle;
Euch kühlet des Mondes
Freundlicher Zauberhauch,
Und euch betauen, ach!
Aus diesen Augen
Der ewig belebenden Liebe
Vollschwellende Tränen.

Ach, man sparte viel!
Seltner wäre verruckt das Ziel,
Wär' weniger Dumpfheit, vergebenes Sehnen,
Ich könnte viel glücklicher sein –
Gäb's nur keinen Wein
Und keine Weibertränen!

Einen wohlgeschnitzten vollen Becher
Hielt ich drückend in den beiden Händen,
Sog begierig süßen Wein vom Rande,
Gram und Sorg' auf Einmal zu vertrinken.

Amor trat herein und fand mich sitzen,
Und er lächelte bescheidenweise,
Als den Unverständigen bedauernd.

»Freund, ich kenn' ein schöneres Gefäße,
Wert die ganze Seele drein zu senken;
Was gelobst du, wenn ich dir es gönne,
Es mit anderm Nektar dir erfülle?«

O wie freundlich hat er Wort gehalten,
Da er, Lida, dich mit sanfter Neigung
Mir, dem lange sehnenden, geeignet!

Wenn ich deinen lieben Leib umfasse,
Und von deinen einzig treuen Lippen
Langbewahrter Liebe Balsam koste,
Selig sprech' ich dann zu meinem Geiste:

Nein, ein solch Gefäß hat außer Amorn
Nie ein Gott gebildet noch besessen!
Solche Formen treibet nicht Vulcanus
Mit den sinnbegabten, feinen Hämmern!
Auf belaubten Hügeln mag Lyäus
Durch die ältste, klügste seiner Faunen
Ausgesuchte Trauben keltern lassen,
Selbst geheimnisvoller Gärung vorstehn:
Solchen Trank verschafft ihm keine Sorgfalt!

Arm an Beutel, krank am Herzen,
Schleppt' ich meine langen Tage.
Armut ist die größte Plage,
Reichtum ist das höchste Gut!
Und zu enden meine Schmerzen,
Ging ich einen Schatz zu graben.
Meine Seele sollst du haben!
Schrieb ich hin mit eignem Blut.

Und so zog ich Kreis' um Kreise,
Stellte wunderbare Flammen,
Kraut und Knochenwerk zusammen:
Die Beschwörung war vollbracht.
Und auf die gelernte Weise
Grub ich nach dem alten Schatze,
Auf dem angezeigten Platze.
Schwarz und stürmisch war die Nacht.

Und ich sah ein Licht von weiten;
Und es kam, gleich einem Sterne,
Hinten aus der fernsten Ferne,
Eben als es zwölfe schlug.
Und da galt kein Vorbereiten.
Heller ward's mit einemmale

Von dem Glanz der vollen Schale,
Die ein schöner Knabe trug.

Holde Augen sah ich blinken
Unter einem Blumenkranze;
In des Trankes Himmelglanze
Trat er in den Kreis herein.
Und er hieß mich freundlich trinken;
Und ich dacht': es kann der Knabe,
Mit der schönen lichten Gabe,
Wahrlich! nicht der Böse sein.

Trinke Mut des reinen Lebens!
Dann verstehst du die Belehrung,
Kommst, mit ängstlicher Beschwörung,
Nicht zurück an diesen Ort.
Grabe hier nicht mehr vergebens.
Tages Arbeit! Abends Gäste!
Saure Wochen! Frohe Feste!
Sei dein künftig Zauberwort.

Wenn die Reben wieder blühen,
Rühret sich der Wein im Fasse;
Wenn die Rosen wieder glühen,
Weiß ich nicht wie mir geschieht.

Tränen rinnen von den Wangen,
Was ich tue, was ich lasse.
Nur ein unbestimmt Verlangen
Fühl' ich, das die Brust durchglüht.

Und zuletzt muß ich mir sagen,
Wenn ich mich bedenk' und fasse,
Daß, in solchen schönen Tagen,
Doris einst für mich geglüht.

Mich ergreift, ich weiß nicht wie,
Himmlisches Behagen.
Will mich's etwa gar hinauf
Zu den Sternen tragen?
Doch ich bleibe lieber hier,
Kann ich redlich sagen,
Beim Gesang und Glase Wein
Auf den Tisch zu schlagen.

Wundert euch, ihr Freunde, nicht,
Wie ich mich gebärde;
Wirklich ist es allerliebst
Auf der lieben Erde:
Darum schwör' ich feierlich,
Sonder alle Fährde,
Daß ich mich nicht freventlich
Wegbegeben werde.

Da wir aber allzumal
So beisammen weilen,
Dächt' ich, klänge der Pokal
Zu des Dichters Zeilen.
Gute Freunde ziehen fort,
Wohl ein hundert Meilen,

Darum soll man hier am Ort
Anzustoßen eilen.

Lebe hoch, wer Leben schafft!
Das ist meine Lehre.
Unser König denn voran,
Ihm gebührt die Ehre.
Gegen inn- und äußern Feind
Setzt er sich zur Wehre;
Ans Erhalten denkt er zwar,
Mehr noch, wie er mehre.

Nun begrüß' ich sie sogleich,
Sie die einzig Eine.
Jeder denke, ritterlich,
Sich dabei die Seine.
Merket auch ein schönes Kind,
Wen ich eben meine,
Nun, so nicke sie mir zu:
Leb' auch so der Meine!

Freunden gilt das dritte Glas,
Zweien oder dreien,
Die mit uns, am guten Tag,
Sich im Stillen freuen
Und der Nebel trübe Nacht

Leis und leicht zerstreuen;
Diesen sei ein Hoch gebracht,
Alten oder Neuen.

Breiter wallet nun der Strom,
Mit vermehrten Wellen.
Leben jetzt, im hohen Ton,
Redliche Gesellen!
Die sich, mit gedrängter Kraft,
Brav zusammen stellen,
In des Glückes Sonnenschein
Und in schlimmen Fällen.

Wie wir nun zusammen sind,
Sind zusammen viele.
Wohl gelingen denn, wie uns,
Andern ihre Spiele!
Von der Quelle bis ans Meer
Mahlet manche Mühle,
Und das Wohl der ganzen Welt
Ist's, worauf ich ziele.

Da droben auf jenem Berge
Da steht ein altes Schloß,
Wo, hinter Toren und Türen,
Sonst lauerten Ritter und Roß.

Verbrannt sind Türen und Tore
Und überall ist es so still;
Das alte verfallne Gemäuer
Durchklettr' ich, wie ich nur will.

Hierneben lag ein Keller,
So voll von köstlichem Wein;
Nun steiget nicht mehr, mit Krügen,
Die Kellnerin heiter hinein.

Sie setzt den Gästen, im Saale,
Nicht mehr die Becher umher,
Sie füllt, zum heiligen Mahle,
Dem Pfaffen das Fläschchen nicht mehr.

Sie reicht dem lüsternen Knappen
Nicht mehr, auf dem Gange, den Trank,
Und nimmt für flüchtige Gabe
Nicht mehr den flüchtigen Dank.

Denn alle Balken und Decken,
Sie sind schon lange verbrannt,
Und Trepp' und Gang und Kapelle
In Schutt und Trümmer verwandt.

Doch als mit Zither und Flasche
Nach diesen felsigen Höhn
Ich, an dem heitersten Tage,
Mein Liebchen steigen gesehn;

Da drängte sich frohes Behagen
Hervor aus verödeter Ruh;
Da ging's wie in alten Tagen
Recht feierlich wieder zu.

Als wären für stattliche Gäste
Die weitesten Räume bereit,
Als käm' ein Pärchen gegangen
Aus jener tüchtigen Zeit.

Als stünd', in seiner Kapelle,
Der würdige Pfaffe schon da,
Und fragte: wollt ihr einander?
Wir aber lächelten: Ja!

Und tief bewegten Gesänge
Des Herzens innigsten Grund,
Es zeugte, statt der Menge,
Der Echo schallender Mund.

Und als sich, gegen den Abend,
Im Stillen Alles verlor,
Da blickte die glühende Sonne
Zum schroffen Gipfel empor.

Und Knapp und Kellnerin glänzen,
Als Herren, weit und breit;
Sie nimmt sich zum Kredenzen
Und er zum Danke sich Zeit.

Ich hab' mein Sach auf Nichts gestellt.
Juchhe!
Drum ist's so wohl mir in der Welt.
Juchhe!
Und wer will mein Kamerade sein,
Der stoße mit an, der stimme mit ein,
Bei dieser Neige Wein.

Ich stellt' mein Sach auf Geld und Gut.
Juchhe!
Darüber verlor ich Freud' und Mut.
O weh!
Die Münze rollte hier und dort
Und hascht' ich sie an einem Ort,
Am andern war sic fort.

Auf Weiber stellt' ich nun mein Sach.
Juchhe!
Daher mir kam viel Ungemach.
O weh!
Die Falsche sucht sich ein ander Teil,
Die Treue macht mir Langeweil:
Die Beste war nicht feil.

Ich stellt' mein Sach auf Reis' und Fahrt.
Juchhe!
Und ließ meine Vaterlandesart.
O weh!
Und mir behagt es nirgends recht,
Die Kost war fremd, das Bett war schlecht,
Niemand verstand mich recht.

Ich stellt' mein Sach auf Ruhm und Ehr.
Juchhe!
Und sieh! gleich hatt' ein Andrer mehr.
O weh!
Wie ich mich hatt' hervorgetan
Da sahen die Leute scheel mich an,
Hatte Keinem Recht getan.

Ich setzt' mein Sach auf Kampf und Krieg.
Juchhe!
Und uns gelang so mancher Sieg.
Juchhe!
Wir zogen in Feindes Land hinein,
Dem Freunde sollt's nicht viel besser sein,
Und ich verlor ein Bein.

Nun hab' ich mein Sach auf Nichts gestellt.
Juchhe!

Und mein gehört die ganze Welt.
Juchhe!
Zu Ende geht nun Sang und Schmaus.
Nur trinkt mir alle Neigen aus;
Die letzte muß heraus!

Hier sind wir versammlet zu löblichem Tun,
Drum, Brüderchen! Ergo bibamus.
Die Gläser sie klingen, Gespräche, sie ruhn,
Beherziget Ergo bibamus.
Das heißt noch ein altes, ein tüchtiges Wort:
Es passet zum Ersten und passet so fort,
Und schallet ein Echo vom festlichen Ort,
Ein herrliches Ergo bibamus.

Ich hatte mein freundliches Liebchen gesehn,
Da dacht' ich mir: Ergo bibamus.
Und nahte mich traulich; da ließ sie mich stehn.
Ich half mir und dachte: Bibamus.
Und wenn sie versöhnet euch herzet und küßt,
Und wenn ihr das Herzen und Küssen vermißt;
So bleibet nur, bis ihr was Besseres wißt,
Beim tröstlichen Ergo bibamus.

Mich ruft mein Geschick von den Freunden hinweg;
Ihr Redlichen! Ergo bibamus.
Ich scheide von hinnen mit leichtem Gepäck;
Drum doppeltes Ergo bibamus.
Und was auch der Filz von dem Leibe sich schmorgt,
So bleibt für den Heitern doch immer gesorgt;

Weil immer dem Frohen der Fröhliche borgt;
  Drum, Brüderchen! Ergo bibamus.

Was sollen wir sagen zum heutigen Tag!
  Ich dächte nur: Ergo bibamus.
Es ist nun einmal von besonderem Schlag;
  Drum immer aufs neue: Bibamus.
Er führet die Freude durchs offene Tor,
Es glänzen die Wolken, es teilt sich der Flor,
Da scheint ein Bildchen, ein göttliches, vor;
  Wir klingen und singen: Bibamus.

Der Meister

Frisch! der Wein soll reichlich fließen!
Nichts Verdrießlichs weh' uns an!
Sage, willst du mitgenießen,
Hast du deine Pflicht getan?

Einer

Zwei recht gute junge Leute
Liebten sich nur gar zu sehr;
Gestern zärtlich, wütend heute,
Morgen wär' es noch vielmehr;
Senkte Sie hier das Genicke,
Dort zerrauft' Er sich das Haar;
Alles bracht' ich ins Geschicke,
Und sie sind ein glücklich Paar.

Chor

Sollst uns nicht nach Weine lechzen!
Gleich das volle Glas heran!
Denn das Ächzen und das Krächzen
Hast du heut schon abgetan.

Einer

Warum weinst du, junge Waise?
»Gott! ich wünschte mir das Grab;
Denn mein Vormund, leise, leise,
Bringt mich an den Bettelstab.«
Und ich kannte das Gelichter,
Zog den Schächer vor Gericht,
Streng' und brav sind unsre Richter,
Und das Mädchen bettelt nicht.

Chor

Sollst uns nicht nach Weine lechzen!
Gleich das volle Glas heran!
Denn das Ächzen und das Krächzen
Hast du heut schon abgetan.

Einer

Einem armen kleinen Kegel,
Der sich nicht besonders regt,
Hat ein ungeheurer Flegel
Heute grob sich aufgelegt.
Und ich fühlte mich ein Mannsen,
Ich gedachte meiner Pflicht,
Und ich hieb dem langen Hansen
Gleich die Schmarre durch's Gesicht.

Chor

Sollst uns nicht nach Weine lechzen!
Gleich das volle Glas heran!
Denn das Ächzen und das Krächzen
Hast du heut schon abgetan.

Einer

Wenig hab' ich nur zu sagen:
Denn ich habe nichts getan.
Ohne Sorgen, ohne Plagen
Nahm ich mich der Wirtschaft an;
Doch ich habe nichts vergessen,
Ich gedachte meiner Pflicht:
Alle wollten sie zu essen,
Und an Essen fehlt' es nicht.

Chor

Sollst uns nicht nach Weine lechzen!
Gleich das volle Glas heran!
Denn das Ächzen und das Krächzen
Hast du heut schon abgetan.

Einer

Einer wollte mich erneuen,
Macht' es schlecht: Verzeih mir Gott!
Achselzucken; Kümmereien!

Und er hieß ein Patriot.
Ich verfluchte das Gewäsche,
Rannte meinen alten Lauf.
Narre! wenn es brennt, so lösche,
Hat's gebrannt, bau wieder auf!

Chor

Sollst uns nicht nach Weine lechzen!
Gleich das volle Glas heran!
Denn das Ächzen und das Krächzen
Hast du heut schon abgetan.

Meister

Jeder möge so verkünden,
Was ihm heute wohlgelang!
Das ist erst das rechte Zünden,
Daß entbrenne der Gesang.
Keinen Druckser hier zu leiden,
Sei ein ewiges Mandat!
Nur die Lumpe sind bescheiden;
Brave freuen sich der Tat.

Chor

Keiner soll nach Weine lechzen!
Gleich das volle Glas heran!
Denn das Ächzen und das Krächzen
Haben wir nun abgetan.

Drei Stimmen

Heiter trete jeder Sänger,
Hochwillkommen in den Saal:
Denn nur mit dem Grillenfänger
Halten wir's nicht liberal;
Fürchten hinter diesen Launen,
Diesem ausstaffierten Schmerz,
Diesen trüben Augenbraunen,
Leerheit oder schlechtes Herz.

Chor

Niemand soll nach Weine lechzen!
Doch kein Dichter soll heran,
Der das Ächzen und das Krächzen
Nicht zuvor hat abgetan!

Ich habe geliebet; nun lieb' ich erst recht!
Erst war ich der Diener, nun bin ich der Knecht.
Erst war ich der Diener von Allen;
Nun fesselt mich diese scharmante Person,
Sie tut mir auch alles zur Liebe, zum Lohn,
Sie kann nur allein mir gefallen.

Ich habe geglaubet; nun glaub' ich erst recht!
Und geht es auch wunderlich, geht es auch
schlecht,
Ich bleibe bei'm gläubigen Orden:
So düster es oft und so dunkel es war
In drängenden Nöten, in naher Gefahr,
Auf einmal ist's lichter geworden.

Ich habe gespeiset; nun speis' ich erst gut!
Bei heiterem Sinne, mit fröhlichem Blut
Ist alles an Tafel vergessen.
Die Jugend verschlingt nur, dann sauset sie fort;
Ich liebe zu tafeln am lustigen Ort,
Ich kost' und ich schmecke bei'm Essen.

Ich habe getrunken; nun trink' ich erst gern!
Der Wein er erhöht uns, er macht uns zum Herrn
Und löset die sklavischen Zungen.
Ja schonet nur nicht das erquickende Naß:
Denn schwindet der älteste Wein aus dem Faß,
So altern dagegen die Jungen.

Ich habe getanzt und dem Tanze gelobt
Und wird auch kein Schleifer, kein Walzer getobt,
So drehn wir ein sittiges Tänzchen.
Und wer sich der Blumen recht viele verflicht
Und hält auch die ein' und die andere nicht,
Ihm bleibet ein munteres Kränzchen.

Drum frisch nur auf's Neue! Bedenke dich nicht:
Denn wer sich die Rosen, die blühenden, bricht,
Den kitzeln fürwahr nur die Dornen.
So heute wie gestern, es flimmert der Stern.
Nur halte von hängenden Köpfen dich fern
Und lebe dir immer von vornen.

SAKI NAMEH
Das Schenkenbuch

Ja, in der Schenke hab' ich auch gesessen,
Mir ward wie andern zugemessen,
Sie schwatzten, schrieen, händelten von heut,
So froh und traurig wie's der Tag gebeut;
Ich aber saß, im Innersten erfreut,
An meine Liebste dacht' ich – wie sie liebt?
Das weiß ich nicht; was aber mich bedrängt!
Ich liebe sie wie es ein Busen giebt
Der treu sich Einer gab und knechtisch hängt.
Wo war das Pergament, der Griffel wo?
Die alles faßten! – doch so wars! ja so!

Sitz' ich allein,
Wo kann ich besser seyn?
Meinen Wein
Trink' ich allein,
Niemand setzt mir Schranken,
Ich hab' so meine eigne Gedanken.

So weit bracht' es Muley, der Dieb,
Daß er trunken schöne Lettern schrieb.

Ob der Koran von Ewigkeit sey?
Darnach frag' ich nicht!
Ob der Koran geschaffen sey?
Das weiß ich nicht!
Daß er das Buch der Bücher sey
Glaub' ich aus Mosleminen-Pflicht.

Daß aber der Wein von Ewigkeit sey
Daran zweifl' ich nicht.
Oder daß er vor den Engeln geschaffen sey
Ist vielleicht auch kein Gedicht.
Der Trinkende, wie es auch immer sey,
Blickt Gott frischer ins Angesicht.

Trunken müssen wir alle seyn!
Jugend ist Trunkenheit ohne Wein;
Trinkt sich das Alter wieder zu Jugend,
So ist es wundervolle Tugend.
Für Sorgen sorgt das liebe Leben
Und Sorgenbrecher sind die Reben.

Da wird nicht mehr nachgefragt!
Wein ist ernstlich untersagt.
Soll denn doch getrunken seyn,
Trinke nur vom besten Wein:
Doppelt wärest du ein Ketzer
In Verdammniß um den Krätzer.

So lang' man nüchtern ist
Gefällt das Schlechte,
Wie man getrunken hat
Weiß man das Rechte,
Nur ist das Uebermaaß
Auch gleich zu handen;
Hafis! o lehre mich
Wie du's verstanden.

Denn meine Meinung ist
Nicht übertrieben:
Wenn man nicht trinken kann
Soll man nicht lieben;
Doch sollt ihr Trinker euch
Nicht besser dünken,
Wenn man nicht lieben kann
Soll man nicht trinken.

SULEIKA

Warum du nur oft so unhold bist?

Hatem

Du weißt daß der Leib ein Kerker ist,
Die Seele hat man hinein betrogen,

Da hat sie nicht freye Ellebogen.
Will sie sich da- und dorthin retten:
Schnürt man den Kerker selbst in Ketten,
Da ist das Liebchen doppelt gefährdet,
Deßhalb sie sich oft so seltsam gebärdet.

Wenn der Körper ein Kerker ist,
Warum nur der Kerker so durstig ist?
Seele befindet sich wohl darinnen
Und bliebe gern vergnügt bey Sinnen;
Nun aber soll eine Flasche Wein
Frisch eine nach der andern herein.
Seele will's nicht länger tragen,
Sie an der Thüre in Stücke schlagen.

DEM KELLNER

Setze mir nicht, du Grobian,
Mir den Krug so derb vor die Nase!
Wer mir Wein bringt sehe mich freundlich an,
Sonst trübt sich der Eilfer im Glase.

DEM SCHENKEN

Du zierlicher Knabe, du komm herein,
Was stehst du denn da auf der Schwelle?
Du sollst mir künftig der Schenke seyn,
Jeder Wein ist schmackhaft und helle.

SCHENKE SPRICHT

[…]

Sie haben wegen der Trunkenheit
Vielfältig uns verklagt,
Und haben von der Trunkenheit
Lange nicht genug gesagt.
Gewöhnlich die Betrunkenheit
Verschwindet so wie es tagt;
Doch hat mich meine Betrunkenheit
In der Nacht umher gejagt.
Es ist die Liebestrunkenheit
Die mich erbärmlich plagt,
Von Tag zu Nacht, von Nacht zu Tag
In meinem Herzen zagt.
Dem Herzen das in Trunkenheit
Der Lieder schwillt und ragt,

Daß keine nüchterne Trunkenheit
Sich gleich zu heben wagt.
Lieb', Lied und Weines Trunkenheit,
Ob's nachtet oder tagt,
Die göttlichste Betrunkenheit
Die mich entzückt und plagt.

LIED VOM EILFER
(Zweitfassung)

Wo man mir guts erzeigt uberall
  'S ist eine Flasche Eilfer
Am Rhein u Main, im Neckerthal,
  Man bringt mir lächlend Eilfer.
Und nennt gar manchen braven Mann
  Viel seltner als den Eilfer
Hat er der Menschheit wohlgethan
  Ist immer noch kein Eilfer.
Die guten Fürsten nennt man so,
  beynahe wie den Eilfer
Uns machen ihre Thaten froh
  Sie leben hoch im Eilfer
Und manchen Nahmen nenn ich leis
  Still schöppelnd meinen Eilfer
Sie weiss es wenn es niemand weis
  Da schmeckt mir erst der Eilfer
Von meinen Liedern sprechen sie
  Fast rühmlich wie vom Eilfer
Und Blum und Zweige brechen sie
  Mich kränzend und den Eilfer
Das alles wär ein grössres Heil
  Ich theilte gern den Eilfer
Nähm Hafis auch nur seinen Theil

Und schlurfte mit den Eilfer
Drum eil ich in das Paradies
Wo leider nie vom Eilfer
Die Gläubgen trinken. Sey er süs
Der Himmelswein! Kein Eilfer
Geschwinde Hafis eile hin
Da steht ein Roemer Eilfer

Wein er kann dir nicht behagen
Dir hat ihn kein Arzt erlaubt
Wenig nur verdirbt den Magen
Und zu viel erhitzt das Haupt

Wisst ihr denn was Liebchen heisse
Wisst ihr welchen Wein ich preise

In welchem Weine
Hat sich Alexander betrunken?
Ich wette den letzten Lebensfunken:
Er war nicht so gut als der meine!

82

Zu des Rheins gestreckten Hügeln,
Hochgesegneten Gebreiten,
Auen die den Fluß bespiegeln,
Weingeschmückten Landesweiten,
Möget mit Gedankenflügeln
Ihr den treuen Freund begleiten.

92

Du bist auch am Rhein gewesen,
Auch am Hof zu Biberich;
Magst nun an dem Maine lesen
Wie es lustig war um dich.

93

Also lustig sah es aus
Wo der Main vorüber floß,
Als im schmucken Hain und Haus
Festlich Eilfer überfloß.

Ferner Freunde ward gedacht:
Denn das heißt genießen,
Wenn zu Fest- und Flusses-Pracht
Tausend Quellen fließen.

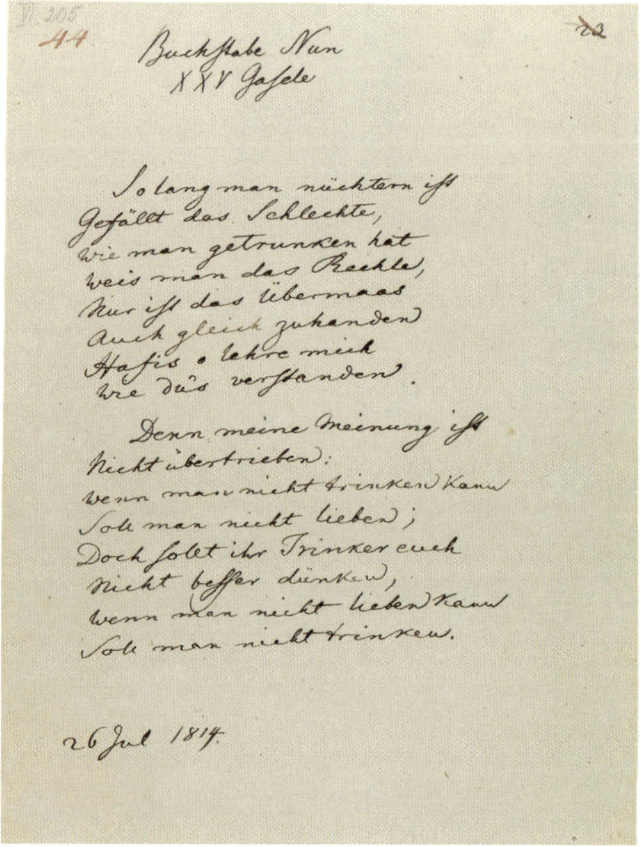
44

Buchstabe Nun
XXV Gasele

So lang man nüchtern ist
Gefällt das Schlechte,
wie man getrunken hat
weis man das Rechte,
Nur ist das Übermaas
Auch gleich zuhanden
Hafis o lehre mich
wie du's verstanden.

Denn meine Meinung ist
Nicht übertrieben:
wenn man nicht trinken kann
Soll man nicht lieben;
Doch sollt ihr Trinker euch
nicht besser dünken,
wenn man nicht lieben kann
Soll man nicht trinken.

26 Jul 1814.

Johann Wolfgang Goethe, *So lang man nüchtern ist.* Reinschrift zum *West-östlichen Divan.*

»DER WEIN ERFREUT DES MENSCHEN HERZ«
Goethes Wein-Biographie

»Am 28. August 1749, Mittags mit dem Glockenschlage zwölf, kam ich in Frankfurt am Main auf die Welt«, beginnt Goethe seine Autobiographie *Aus meinem Leben. Dichtung und Wahrheit*, deren erster Band im Oktober 1811 erscheint. Die Konstellation der Sterne sei glücklich gewesen, fährt er fort, aber die Hebamme ungeschickt und die Geburt daher schwierig. Was der Dichter der Öffentlichkeit allerdings verschweigt, ist die Tatsache, dass schon bei der Geburt der Geruch des Weines und seine lebenserweckende, medizinische Wirkung zu seinen ersten sinnlichen Erfahrungen im Elternhaus gehört. Bettine Brentano hatte ihm nach Gesprächen mit seiner Mutter, der Frau Rath, im November 1810 über seine Geburt berichtet:

> [...] sie legten Dich in einen sogenannten Fleischarden mit Wein und bäheten Dir die Herzgrube, ganz an Deinem Leben verzweifelnd. Deine Großmutter stand hinter dem Bett, als Du zuerst die Augen aufschlugst, rief sie hervor: »Rätin! er lebt!«

Wer hätte das gedacht: In einem kleinen Holztrog, in erhitztem Wein badend, begann das Leben unseres größten Dichters. Und damit nicht genug, sein Frankfurter Elternhaus war allzeit von einem zarten Weinduft erfüllt, der jedem entgegenschlug, der unter dem Wappen mit den drei Leiern in den Flur trat. Denn in den großen Kellern lagen edle Moselweine, oder wie Frau Rath sagte, »die alten Herren« von 1706, 1719 und 1726. Der Großvater, Friedrich Georg Göthé, hatte mit ihnen spekuliert, als der Westen Kriegsgebiet war und die Moselwinzer in Angstverkäufen ihre Weine vorzeitig und billig verkauften. Der Weinkeller, daran hat Ernst Beutler erinnert, war für die Familie wichtiger als das Zimmer des kleinen Wolfgang, von dessen späterem Ruhm damals noch keiner etwas ahnen konnte. Dagegen war der Wein für die Familie Goethe nicht nur ein Lebensmittel, sondern vor allem auch eine wichtige Kapitalanlage. Gleich im ersten Buch von *Dichtung und Wahrheit* bemerkt Goethe über seinen Vater Johann Caspar:

> Er hatte die Vorstellung, daß es mit den Gemälden völlig wie mit den Rheinweinen beschaffen sei, die, wenn ihnen gleich das Alter einen vorzüglichen Wert beilege, dennoch in jedem folgenden Jahre ebenso vortrefflich als in den vergangenen könnten hervorgebracht werden.

Damals, zur Zeit von Goethes Geburt, war Frankfurt am Main nicht nur eine Stadt des Weinhandels mit dem Weinmarkt am Mainufer am Fahrtor, an den sich der Dichter in

Franz Weißbeck, *Der Weinmarkt am Mainufer*. Kolorierte Radierung nach Johann Friedrich Morgenstern.

Dichtung und Wahrheit erinnert, vor allem an den »Mechanismus der Krahne, wenn Waren ausgeladen wurden«. Außer mit Rheinweinen handelte man in Frankfurt vor allem mit Weinen aus dem Elsass.

Die Freie Reichsstadt war auch eine Stadt, in der Weinbau betrieben wurde. Die Altstadt war in Goethes Jugend von Weinbergen umgeben, und Frankfurt war selbst Eigentümerin ausgedehnter Weingüter. Vor den Toren der Stadt lagen viele Weingärten. Besonders auf dem Sachsenhäuser Berg, wo bereits im 14. Jahrhundert Reben gepflanzt worden waren, aber auch vor dem Mainzer Tor, dem Gallustor, dem Friedberger Tor und auf dem Röderberg wurde Wein angebaut. In Anton Kirchners *Ansichten von Frankfurt* (1818) liest man, dass der Wein des Mühlberges im Alter immer besser wird, »wenn die Jugendhitze« verraucht ist: »Ein Stück 1748er Mühlberger, wurde mit einem gleichen Jahrganges aus der besten Lage von Hochheim, nach Petersburg versandt, und erhielt den Preis von diesem.« In einer Reisebeschreibung aus dem Jahr 1740 findet man bestätigt, dass der Frankfurter Wein zwar anfangs etwas rau schmeckte, »doch wenn er 4-5 Jahre gelegen hat«, stehe er »dem Rheingauer Wein an Stärke und Lieblichkeit« nicht nach. Kein Wunder, dass in Frankfurt die Häcker, die Weingärtner, eine Zunft bildeten, und auch andere Berufe, etwa das Küferhandwerk, profitierten vom Weinhandel und Weinbau. In den Kellern der Bürgerhäuser ruhten gewaltige Fässer mit erlesenen

Weinen, so dass eine geflügelte Redensart behauptete, in den Frankfurter Kellern sei mehr Wein zu finden als Wasser in Frankfurts Brunnen.

WEIN IN DER FAMILIE GOETHE

Vor dem Friedberger Tor und auf dem Röderberg besaß Friedrich Georg Göthé jeweils Garten und Weinberg (hortus), wo Wein für den eigenen Gebrauch, der sogenannte Gartenwein (›vinum hortens‹), angebaut wurde. Goethes Großvater war ein fleißiger und geschäftstüchtiger Mann gewesen, der 1686 als Schneidergeselle aus Lyon nach Frankfurt am Main gekommen war. Die Aufhebung des Ediktes von Nantes hatte ihn gezwungen, Frankreich zu verlassen, wo er sehr erfolgreich als Damenschneider gearbeitet hatte. In Frankfurt heiratete er Anna Elisabeth Lutz, die Tochter eines Frankfurter Schneidermeisters, und brachte es schnell zum Meister und zum Bürgerrecht. Als seine Frau unerwartet starb, blieb er fünf Jahre mit den Söhnen allein und heiratete 1705 Cornelia Schellhorn geb. Walther, die Witwe des Gasthalters Schellhorn, die die Gast- und Schildwirtschaft ›Zum Weidenhof‹ an der Zeil / Ecke Weidengasse mit in die Ehe brachte. Goethes Großvater gab sein erlerntes Handwerk auf, widmete sich fortan dem Weinhandel und führte gemeinsam mit seiner Frau den Gasthof in bester Lage. Als er am 10. Februar 1730 starb, hinterließ er seiner Familie ein stattliches Vermögen, zu dem auch die beiden erwähnten Weinberge gehörten, von denen jener am Röderberg an Hermann Jakob Goethe, den Sohn aus erster Ehe, fiel. Cornelia Goethe und ihr Sohn, Goethes Vater, erhielten den gut einen Morgen großen Weinberg vor dem Friedberger Tor und – laut Testament – etwa 34 000 Liter Wein, die später den Grundbestand des Weinkellers im Großen Hirschgraben bildeten. Vieles davon verkaufte Goethes Großmutter sicher an den neuen Besitzer des Weidenhofs, doch immerhin rund 12 000 Liter Wein zogen mit ihr und ihrem Sohn Johann Caspar um, als sie 1733 in das Haus im Großen Hirschgraben übersiedelten. Das Haus blieb gut 60 Jahre im Besitz der Familie Goethe, und als Frau Aja es 1794 zum Verkauf anbot, lagerten dort noch immer »5 Stück alte Weine«. Das »Stückfaß« war ein altes Weinmaß für Rheinwein und entsprach in Frankfurt am Main acht Ohm, also rund 1155 Litern. Im Keller des Frankfurter Goethe-Hauses lagerten damit zum Zeitpunkt des Verkaufs 5775 Liter Wein.

Johann Wolfgang Goethe war, was die Liebe zum Wein betrifft, doppelt vorbelastet, denn auch die Textors, die Familie seiner Mutter, schätzten Wein in allen Varianten, in denen er im 18. Jahrhundert genossen wurde. Der Stadtschultheiß und Schöffe Johann Wolfgang Textor, lebte gerne und gut, war ein barocker Genussmensch, von dem der Frankfurter Arzt und Naturforscher Johann Christian Senckenberg berichtet, dass seine Stube unerträglich überheizt gewesen sei, »weil er vom kräftigen Weingenuß her viel gefröstelt habe«.

Vom Wert und von der Bedeutung des Weines für die Familie Goethe zeugt auch eine Schulaufgabe, die der junge Goethe im Alter von sieben Jahren als Schreibübung in Deutsch und Latein anfertigte. Das Gespräch zwischen Vater und Sohn ist ein wichtiges Dokument über die Kindheit des Dichters. Denn nicht nur vom Schlussstein des Gewölbes ist darin die Rede, in den der Vater beim Umbau 1755 die Initialen seines Sohnes, »J.W.G.« einmeißeln ließ, sondern auch vom Grundstein, dem ›Lapis fundamentalis‹, den der sechsjährige Knabe im Beisein der Handwerker eigenhändig einmauern durfte. Beide Steine befinden sich bis heute im Keller des Frankfurter Goethe-Hauses. Das Gespräch zeigt, wie viel Arbeit die Pflege der teuren Weine, der »alten Herren«, machte.

Sein Wissen nutzt Goethe auch viele Jahre später in der 1794 entstandenen *Zweiten Epistel*, in der es heißt:

> [...] Die Mädchen sind gut, und machen sich gerne
> Was zu schaffen. Da gib nur dem einen die Schlüssel zum Keller,
> Daß es die Weine des Vaters besorge, sobald sie, vom Winzer,
> Oder vom Kaufmann geliefert, die weiten Gewölbe bereichern.

Manches hat die Jungfrau zu schaffen, die vielen Gefäße,
Leere Fässer und Flaschen in reinlicher Ordnung zu halten.
Dann betrachtet sie oft des schäumenden Mostes Bewegung,
Gießt das Fehlende zu, damit die wallenden Blasen
Leicht die Öffnung des Fasses erreichen, sich trinkbar und helle
Endlich der edelste Saft für künftige Jahre vollende.
Unermüdet ist sie alsdann, zu füllen, zu schöpfen
Daß der Trank stets geistig und rein die Tafel belebe.

Goethe wurde in einer Familie groß, in der der Wein, von der Traubenlese bis zur Abfüllung und Pflege eine enorme Rolle spielte. Der Vater vergrößerte nicht nur seine Weinbestände durch eigene Weine, sondern er verbesserte sie auch durch Ankauf fremder. Sein Haushaltsbuch verzeichnet am 15. März 1754 Ausgaben von »261 fl 24 kr« für Bodenheimer Wein, und er zahlte am 11. November 1771 für drei Stück neuen Wein 468 Gulden. Auch ungarische und französische Weine wurden angekauft. Verkauft wurde dagegen der selbstgekelterte Gartenwein (›vinum hortens‹), mit dem Johann Caspar Goethe sich etwas dazuverdiente. Um die Ausgaben für die Pflege der Weine richtig einordnen zu können, hilft es, sich zu vergegenwärtigen, dass ein erfahrenes

Dienstmädchen im Hause Goethe 20 Gulden im Jahr verdiente.

Goethes Mutter schätzte Weine aus dem Rheingau, vor allem der Hattenheimer und der Marcobrunner Riesling hatten es ihr angetan. Als sie 1794 daranging, das Haus im Großen Hirschgraben zu verkaufen, verraten ihre Briefe an den Sohn auch etwas über die Weinvorräte im Keller. »5 Stück alte Weine sind vorhanden«, schreibt Frau Rath am 7. Januar 1794: »2 Stück von 1706. 1 Stück von 1719. 2 Stück von 1726 – die 3 ersten sind die besten, doch muß alles miteinander gehen […]. Wenn ich 10 000 f. vor den gantzen Keller kriege, so hätte groß Lust sie weg zu geben – wollen sehn – aber fort müßen sie.« Schließlich zeigten nur die beiden Frankfurter Weinhändler Johann Noë Gogol und Johann Adam Dick Interesse an den »alten Burschen«, und Catharina Elisabeth verkaufte die Weine an Dick für 8000 Gulden. Eine stolze Summe, wenn man bedenkt, dass das Haus insgesamt 22 000 Gulden brachte. Ihren Sohn lässt sie aber auch wissen, welche Arbeit ihr die Weine bis zuletzt machten:

> 1tens bringe ich sie nicht an; so muß ich wieder etliche 100 f. anwenden um auffüll Wein zu kaufen – 2tens entbehre ich jährlich 320 f. Intereßen – und 3tens bin ich der Kellersitzerey müde und satt – vorgestern mußte wieder um alles aufzufüllen – Trinckwein zu bre-

> chen u. s. w. 5 Stunden unter der Erde seyn! und endlich 4tens wenn ich ein ander logie beziehe – da wäre es nun gantz ohnmöglich die alten Herrn mitzunehmen – und verkaufe ich nun das Hauß so müßte der Keller geräumt werden – und da wäre ich gezwungen noch Kellerzins zu bezahlen – das beste ist sie machen vor der Zeit Platz.

Mit dem Verkauf des Hauses endet die kurze Geschichte der Goethes als Weinbesitzer und Freizeitwinzer. Allerdings nutzte auch der neue Käufer, der Weinhändler Johann Gerhard Blum, die Keller als Weinlager, ja er hatte das Haus – wie schon Goethes Großmutter im Jahr 1733 – eigens aus diesem Grund gekauft.

WEINLESE UND WEINBEREITUNG IM ELTERNHAUS

Der Weinbesitz begründete Goethes gute Kenntnisse über die Qualität vieler Weine, in besonderer Erinnerung blieb ihm jedoch die alljährliche Weinlese auf dem eigenen Grundstück vor dem Friedberger Tor und die damit verbundenen Feierlichkeiten. Noch der alte Goethe erinnert sich im 4. Buch von *Dichtung und Wahrheit*:

> Nach mancherlei Früchten des Sommers und Herbstes war aber doch zuletzt die Weinlese das Lustigste und am

> meisten Erwünschte; ja es ist keine Frage, daß, wie der Wein selbst den Orten und Gegenden, wo er wächst und getrunken wird, einen freiern Charakter gibt, so auch diese Tage der Weinlese, indem sie den Sommer schließen und zugleich den Winter eröffnen, eine unglaubliche Heiterkeit verbreiten. Lust und Jubel erstreckt sich über eine ganze Gegend. Des Tages hört man von allen Ecken und Enden Jauchzen und Schießen, und des Nachts verkünden bald da bald dort Raketen und Leuchtkugeln, daß man noch überall wach und munter diese Feier gern so lange als möglich ausdehnen möchte.

Die Weinlese wurde in Frankfurt als fröhliches Fest zelebriert. Diese herbstliche Freude und Ausgelassenheit klingt auch in vielen Briefen von Goethes Mutter nach – am schönsten in jenem an die Herzogin Anna Amalia vom Herbst 1778:

> Gestern war Weinlese hir, es war noch zimmlich Wetter und alles war frölich, mir aber fiel der Herbst von 1772 ein da der Doctor [Goethe] und Hoffrath Schlosser mit wachslichtern auf den Hüten wie geister im neuen weg herum gingen, da waren noch viel andre und bessre Zeiten vor Frau Aja. Doch wird's vielleicht einmahl wieder Lustiger und munterer um und neben mir: wollen das beste hoffen.

In der Regel begann die Weinlese in Frankfurt um den 18. Oktober herum, doch die verschiedenen Rebsorten wie Riesling, Traminer, Muskateller oder Gutedel wurden zu unterschiedlichen Zeiten geerntet. Doch war damit die Arbeit längst nicht getan. Johann Caspars Haushaltsbuch, das ›Liber domesticus‹, informiert uns darüber, dass der Wein im März noch einmal abgezogen, also in ein neues Fass umgefüllt werden musste. Manchmal war dazu ein Fass Bodenheimer Wein erforderlich. Im April wurden vom Weingärtner neue Pflanzen gesetzt. Aus den im Herbst geernteten Trauben erhielt die Familie den Gartenwein, den Goethes Vater besonders gern trank, weil er leicht und selbst gekeltert war. Viele Frankfurter hatten zu Goethes Jugendzeit noch eigene Gartenweine, »Bier und Aepfelwein war vor den gemeinen Mann«.

WEIN UND LIEBE BEIM JUNGEN GOETHE

Frankfurt war zu jener Zeit auch Messestadt, und hier wurde der Kaiser des Heiligen Römischen Reichs Deutscher Nation gewählt. Der Krönungstag war immer ein besonderes Spektakel. Die Feierlichkeiten für Joseph II. am 3. April 1764 erlebte der 14-jährige Goethe hautnah mit und beschreibt, wie der Wein aus dem Brunnen am Römer floss: »Da war der neuerrichtete Springbrunnen mit zwei großen

Kufen rechts und links, in welche der Doppeladler auf dem Ständer weißen Wein hüben und roten Wein drüben aus seinen zwei Schnäbeln ausgießen sollte.« Aus allen Familienkellern »war der beste und älteste Wein« herangebracht worden, um »dies altertümliche Fest altertümlich« zu feiern: »An mehreren Orten verteilte man Brot und Würste unter das Volk und ließ es an Wein nicht fehlen«. Bei diesen Feierlichkeiten lernte Goethe seine erste große Liebe kennen, jenes sagenumwobene Gretchen, das – wie konnte es anders sein – eine Wirtstochter war und dem jungen Goethe und seinen Freunden Wein servierte. Mit ihr verbrachte er die Krönungsnacht »im Gefühl von Freundschaft, Liebe und Neigung auf das heiterste und glücklichste«, bevor sie sich von ihm mit einem Kuss auf die Stirn verabschiedete und aus seinem Leben verschwand.

Was allerdings neben dem Herzschmerz blieb, war eine Vorliebe für Wirtstöchter, der er als Student in Leipzig treu blieb. So logierte er bei Christian Gottlob Schönkopf, der am Brühl in Leipzig einen Weinschank betrieb, und verliebte sich in dessen Tochter Anna Katharina, genannt Käthchen, die reichlich Anlass für »ungegründete und abgeschmackte Eifersüchteleien« gab.

Immerhin förderte die Leidenschaft nicht allein den Weingenuss, sondern auch die Poesie. So verfasste er »auf Befehl meiner Mädgen einige Lieder« und schreibt seiner Schwester Cornelia im Mai 1767: »Man lasse doch mich ge-

Johann Wolfgang Goethe, Exlibris für Christian Gottlob Schönkopf. Radierung, Leipzig 1768.

hen, habe ich Genie; so werde ich Poete werden«. Seinen Brief beendet er mit den Versen:

Von kalten Weisen rings umgeben
Sing ich was heisse Liebe sey;
Ich sing vom süßen Saft der Reben
Und Wasser trinck ich oft dabey.

Dass die Kombination von Geselligkeit, Mädchen, Liebe und Eifersucht aber mehr den Wein- als den Wasserkonsum fördert, dokumentieren die Briefe an den Freund Ernst Wolfgang Behrisch, dem er bekennt, »ebensoviel Champagner getruncken« zu haben, »als er brauchte, um sein Blut in eine angenehme Hitze zu setzen und seine Einbildungskraft aufs äuserste zu entzünden!« Ein Brief, wenige Tage später geschrieben, erwähnt nicht allein die berühmte Wirtschaft ›Auerbachs Keller‹, sondern wirft ein bezeichnendes Licht auf das Leipziger Studentenleben, indem er schließt: »Gute Nacht ich binn besoffen wie eine Bestie.«

Seinen Eskapaden in Leipziger Wirtshäusern wird er wenig später die Szene ›Auerbachs Keller‹ in seinem *Urfaust* widmen – und darin übrigens auch seine enormen Weinkenntnisse andeuten. Die Szene mit der ›Zeche lustiger Gesellen‹ beginnt: » Will keiner trinken? keiner lachen? / Ich will euch lehren Gesichter machen!«

Im Laufe der ausschweifenden Studienzeit in Leipzig erkrankte er im Sommer 1768 schwer und kehrte zurück ins Frankfurter Elternhaus. Es folgte eine lange Rekonvaleszenz. Im Dezember 1768 fürchtete man um sein Leben. Gemeinsam mit seiner Mutter schöpfte er damals Trost und Zuversicht aus einem Bibelwort, das mit dem Weinbau zu tun hat. Goethe hat die Zeit zwischen Leben und Tod und diesen Vers (Jeremia 31,5) nicht vergessen und in Briefen immer wieder zitiert – zuerst in einem Brief an Charlotte von Stein vom 9. Dezember 1777:

> Es ist eben um die Zeit, wenig Tage auf ab, dass ich vor neun Jahren kranck zum Todte war, meine Mutter schlug damals in der äusersten Noth ihres Herzens ihre Bibel auf und fand, wie sie mir nachher erzählt hat: »Man wird wiederum Weinberge pflanzen an den Bergen Samariä, pflanzen wird man und dazu pfeifen.« Sie fand für den Augenblick Trost, und in der Folge manche Freude an dem Spruche.

Nach seiner Heilung setzte der junge Dichter sein Studium in Straßburg fort, wo er nicht allein die Bekanntschaft mit den weißen und roten Elsässer Weinen machte, sondern auch erneut mit den Freuden des Studentenlebens und mit einer jungen Frau, der Tochter des Pfarrers von Sesenheim, Friederike Brion. Im Rückblick auf seine Jugend führt der

Gustav Nehrlich, *Mephistopheles, mit welchem Weine kann ich dienen?* Illustrierte Textstelle: Faust – Der Tragödie erster Teil, Auerbachs Keller in Leipzig.

alte Goethe regelmäßig Wein, Weib und Geselligkeit zusammen. Über die Zeit mit Friederike heißt es:

> Man hatte schon beim Frühstück den Wein nicht gespart; bei einem sehr wohl besetzten Mittagstische ließ man sich's an keinem Genuß ermangeln, und allen schmeckte es, nach der angreifenden Leibesübung, bei ziemlicher Wärme, um so besser, und wenn der alte Amtmann des Guten ein wenig zu viel getan hatte, so war die Jugend nicht weit hinter ihm zurückgeblieben. Ich war grenzenlos glücklich an Friedrikens Seite […]. Bei der Abendkollation kam man ebenso wenig zu sich selbst; es ward bis tief in die Nacht getanzt, und an Gesundheiten sowie an andern Aufmunterungen zum Trinken fehlte es so wenig als am Mittag.

Das »durch Liebe und Leidenschaft, Wein und Tanz aufgeregte Blut« musste sich jedoch bald wieder beruhigen, die Zeit mit Friederike und in Straßburg ging mit dem Studienabschluss zu Ende, und Goethe kehrte als Jurist an den Main zurück.

Kaum war Goethe in Frankfurt angekommen, beschloss der Vater, ihn im Frühjahr 1772 nach Wetzlar ans Reichskammergericht zu schicken, wo Goethe als Praktikant Berufserfahrung sammeln sollte. Auch dort glänzt der junge Stürmer und Dränger nicht durch juristische Eleganz, sondern er verliebt sich erneut – diesmal in Charlotte Buff, die Verlobte eines Kollegen, des hannoverschen Gesandtschaftssekretärs Johann Christian Kestner. Dieser charakterisiert den gerade in Wetzlar eingetroffenen »Sohn eines sehr reichen Vaters«, der juristische Praxis erwerben sollte, aber lieber Homer las, so:

> Er ist in allen seinen Affekten heftig [...]. Aller Zwang ist ihm verhaßt. [...] bei Kindern, bei Frauenzimmern und vielen Andern ist er doch wohl angeschrieben. Für das weibliche Geschlecht hat er sehr viele Hochachtung.

Auf einem Ball lernt Goethe die junge Lotte kennen, die »den Tanz und das ungetrübte Vergnügen liebt«. Auch diese Liebe endet für Goethe unglücklich mit einem überstürzten Aufbruch aus Wetzlar. Doch sein Leid fasste er Anfang 1774 in Worte und therapierte es mit der Niederschrift eines Romans, der ihn über Nacht als Dichter in Deutschland und Europa berühmt macht: *Die Leiden des jungen Werthers.*

Darin ist nur selten vom Wein die Rede, und doch lässt sich ausgehend von den fiktiven Briefen Werthers auf das Wetzlarer Leben des Autors schließen. So heißt es im Brief vom 26. Mai 1771 über den Ort Wahlheim: »Eine gute Wirtin, die gefällig und munter in ihrem Alter ist, schenkt Wein, Bier, Kaffee«, und unter zwei Linden im Garten des Wirtshauses liest Werther seinen Homer. Im Brief vom 8. November warnt ihn Lotte schließlich vor zu exzessivem Alkoholkonsum: »Sie hat mir meine Exzesse vorgeworfen! Ach, mit so viel Liebenswürdigkeit! Meine Exzesse, dass ich mich manchmal von einem Glase Wein verleiten lasse, eine Bouteille zu trinken. – ›Tun Sie es nicht!‹, sagte sie, ›denken Sie an Lotten!‹« Lottes Sorge im Roman war offenbar auch für die reale Lotte nicht unbegründet, ist doch in einem Brief Goethes an Kestner vom Januar 1773 davon die Rede, dass wegen »unmässiglicher Weisse zu uns genommenem Wein, die cristliche Nachtruhe durch mancherley so seltsamlich als verdrüssliche Abenteuer genecket und gestört worden« sei. Der Ort für solche Gelage könnte das Gasthaus ›Zum Kronprinzen‹ in Wetzlar gewesen sein, wo Goethe mit einer Gruppe junger Juristen zu Mittag aß. An dieser ›Rittertafel‹ ging es ausgelassen zu, und Goethe parodierte beim Wein unter dem Namen ›Götz der Redliche‹ die Rituale der Freimaurer.

VON FRANKFURT NACH WEIMAR

Wein gehörte offenbar auch zum kreativen Arbeitsprozess des Dichters, der sich auf einer eigenen Zeichnung in seinem Frankfurter Arbeitszimmer schreibend und mit einer Weinflasche darstellt. Als Unterschrift zu der Zeichnung

Johann Wolfgang Goethe, *Das Frankfurter Arbeitszimmer*. Aquarellierte Bleistiftzeichnung, um 1770/1772.

könnte eine Briefstelle aus einem Schreiben an Friedrich Heinrich Jacobi dienen: »Nach frugalem Abendbrodt, auf meinem Zimmer, schreib ich dir noch auf der Serviette, mein Schöppgen Wein vor mir. Nach einem dürren Nachmittag, dein Brief, und hundert Ideen in Cirkulation«. Auch beim Entstehungsprozess von Goethes Farce *Götter, Helden und Wieland* (1774) spielte Wein eine wichtige Rolle, »als die gewöhnliche Wut alles zu dramatisieren mich eines Sonntags Nachmittags anwandelte, und ich bei einer Flasche guten Burgunders, das ganze Stück wie es jetzt daliegt, in einer Sitzung niederschrieb«.

Eine einprägsame Geschichte zum Weinkonsum im Hause Goethe findet sich im 18. Buch von *Dichtung und Wahrheit*. Die Grafen Stolberg und Haugwitz waren in Goethes Elternhaus zu Besuch, man hatte in der Blauen Stube am runden Holztisch getafelt, als »schon nach ein und der andern genossenen Flasche Wein der poetische Tyrannenhaß zum Vorschein kam«. Während Goethes Vater dem politischen Streitgespräch altersweise lächelnd folgt, versucht Frau Aja die hitzige Debatte ins Heitere zu wenden, indem sie aus dem Keller Bouteillen »von den ältesten Weinen« heraufholt:

> Nicht geringere befanden sich daselbst als die Jahrgänge 1706, 19, 26, 48, von ihr selbst gewartet und gepflegt, selten und nur bei feierlich bedeutenden Gelegenheiten

angesprochen. Indem sie nun in geschliffener Flasche den hochfarbigen Wein hinsetzte, rief sie aus: »Hier ist das wahre Tyrannenblut! Daran ergötzt euch, aber alle Mordgedanken laßt mir aus dem Hause!«

Mit dieser Lehre vom Wein als Tyrannenblut, der Tropfen um Tropfen lockt, brachen die Freunde auf zur Reise in die Schweiz und fanden dieselbe schon im ersten Gasthof in Mannheim bestätigt, »wo der Wein nicht war geschont worden« und die übermütigen Reisenden die geleerten Gläser »wider die Wand« warfen.

In Goethes *Tagebuch der Schweizer Reise* findet sich auch ein Gedicht, das die ausgelassene Stimmung der Reisegesellschaft im Sommer 1775 sehr anschaulich wiedergibt:

Ohne Wein kann's uns auf Erden
Nimmer wie dreihundert werden
Ohne Wein u. ohne Weiber
Hol der Teufel unsre Leiber.

Kurz darauf ging Goethe nach Weimar und trat in die Dienste des jungen Herzogs Carl August von Sachsen-Weimar-Eisenach, der gerade von seiner Mutter Anna Amalia die Amtsgeschäfte übernommen hatte. Dem 18-Jährigen wurde nachgesagt, ein Zecher und Lebemann zu sein. Nun befürchteten Teile des Weimarer Adels, der dichtende, weinfrohe Frankfurter Bürgersohn würde einen schlechten Einfluss ausüben. Doch die Sorgen waren unbegründet. Zwar schätzten die beiden jungen Herren den Wein und wurden über die Jahre gute Freunde, doch feierten sie auch große Erfolge bei der Modernisierung des kleinen Herzogtums in der Mitte Deutschlands. Im Sommer 1776 schreibt Goethe aus Ilmenau an Johann Heinrich Merck: »wir halten zusammen und gehen unsern eignen Weg, stoßen so freilich allen Schlimmen, Mittelmäßigen und Guten für'n Kopf, werden aber doch hindurchdringen, denn die Götter sind sichtbar mit uns«. Vielleicht half bei dieser mühsamen Arbeit der Wein – zumindest in dem Sinn, wie es Goethe seinen Bruder Martin im Schauspiel *Götz von Berlichingen* sagen lässt:

> Wenn Ihr gessen und trunken habt, seid Ihr wie neu geboren. Seid stärker, mutiger, geschickter zu Eurem Geschäft. Der Wein erfreut des Menschen Herz, und die Freudigkeit ist die Mutter aller Tugenden. Wenn Ihr Wein getrunken habt, seid Ihr alles doppelt, was Ihr sein sollt, noch einmal so leicht denkend, noch einmal so unternehmend, noch einmal so schnell ausführend.

Offenbar vermisste Goethe in den ersten Weimarer Jahren die guten Weine aus der Heimat. Jedenfalls bittet er im März 1777 seine Frankfurter Freundin Johanna Fahlmer:

> Sagen Sie doch der Mama ich bäte sie, mir, wenn die schöne Zeit kommt, wieder einige Krüge alten Wein zu schicken. Auch wär mirs sehr lieb wenn sie den Vater disponirte dass er mir ein Geschenck von ein Paar Ohm (nicht aus seinem Keller) machte. Es müsste so etwa ein 62 oder 66ger seyn, aber was extra feines, wenn man sich umthut muss man ihn wohl bey euch gut kriegen können.

Und der Wunsch des Sohnes wurde prompt erfüllt: Anfang April erhielt er »6 Krüge alten Wein«. Aber damit nicht genug, Frau Aja versorgte auch die Herzogin Anna Amalia mit Weinen aus dem Frankfurter Keller. Im Sommer 1780, als von einem Kirchenmann der Weltuntergang prophezeit worden war, schreibt sie in ihrer unnachahmlichen Art:

> Ich werde also drauf bedacht seyn meine besten Habseligkeiten besonders die alten Weine dem Untergang zu entreißen und alles unter sicherem Geleit nach Weimar spediren. Die neuen und minder guten Weine aber, zu ersparung des Transports biß auf den letzen tropfen austrincken.

Bis zum Verkauf des Elternhauses erhielt Goethe von seiner Mutter regelmäßig Weinlieferungen aus Frankfurt am Main. Das reichte aber nicht für den eigenen Verbrauch und schon gar nicht für die Bewirtung von Gästen im Weimarer Haus am Frauenplan. Weimar und Umgebung war nun wirklich keine Weingegend, aber der Weinliebhaber Goethe wusste sich zu helfen und versuchte, sich im »ernsteren Thüringen« so wohl zu befinden, »als es in einem Lande gehen will wo kein Wein wächst«.

In seiner Doppelfunktion als Staatsminister und Dichterfürst musste Goethe – wie auch die Tagebücher und Briefzeugnisse zeigen – häufig Gäste bewirten, und er erfüllte diese Aufgabe zu aller Zufriedenheit. Jedenfalls fanden die meisten Besucher für die Speisen und Weine an Goethes Tafel lobende Worte. »Ich fand die Speisen äußerst wohlschmeckend und den Wein mindestens ebenso gut. Vor jedem Gast stand eine Flasche Rot- oder Weißwein«, berichtet der Maler Wilhelm Zahn über einen Besuch bei Goethe im Jahr 1827. Um den Wein kümmerte sich im Haus am Frauenplan Goethe und – bis zu ihrem Tod 1816 – seine Frau Christiane, die sich seit den 1790er Jahren um Küche und Keller kümmerte. Der Herr Geheimrat und sein »Liebchen« bezogen ihre Weine teilweise aus der Fürstlichen Hofkellerei in Weimar, vor allem aber von zahlreichen Weinhändlern. Ihr Hauptlieferant (übrigens auch derjenige Schillers und Wielands) war der Erfurter Weinhändler Christian Heinrich Ramann (und später dessen Sohn Julius Heinrich Sylvester), bei dem Goethe seit 1800 Stammkunde war. Ganz nebenbei erwähnt: Goethe war ein säumiger Zahler und stand bei Ramann, wie ein Kontobuch zeigt, einmal mit über 1433 Talern in der Kreide.

Goethes jährliche Weinbestellungen waren beträchtlich, in seinem Haushalt wurde viel Geld für Wein aufgewendet. Allein Ramann liefert 1806 monatlich etwa 60 Liter. 1816 waren es allein 900 Liter fränkischen Escherndorfer. Und auch von anderen Händlern bezog Goethe Weine: vom Weinhändler Keller aus Schweinfurt bekam er vierteljährlich etwa 60 Liter an deutschen Rot- und Weißweinen, und der Hamburger Weinhändler Philipp Jacob Marstaller, der, wie Goethe ursprünglich aus Frankfurt am Main stammend, lieferte die geliebten Süßweine, vor allem den Try-Madeira. 1776, in seinem ersten Weimarer Jahr, verdiente Goethe rund 1600 Taler und gab 200 davon (12,5 %) für Weine aus; 1829 stiegen die Ausgaben prozentual fast auf das Doppelte (2184 von 10 000 Talern). Vom Weimarer Hofkammerrat Franz Kirms hat sich eine Aufstellung der von Goethe aus der Fürstlichen Hofkellerei Weimar bezogenen und bezahlten Wein-, Bier- und Pasteten-Lieferungen aus der Zeit zwischen Weihnachten 1799 und Ende März 1802 erhalten. Aus ihr geht hervor, dass der Dichter seine gesamten Bezüge für die Voltaire-Übersetzungen der Dramen »*Mahomet*, von Herrn Iffland zu Berlin« (1800) und *Tancred* (1802) in Rebensaft anlegte. Am Ende des 18. Jahrhunderts verdiente ein Handwerker 200 bis 600 Taler im Jahr, ein mittlerer preußischer Beamte erhielt 100, ein einfacher Soldat nur 24 Taler. Zum Vergleich: für einen Taler gab es damals etwa 12 kg Brot oder 6 kg Fleisch zu kaufen. Mit anderen Worten, Goethe gab bereits in seinem ersten Jahr in Weimar das Jahreseinkommen eines Handwerkers für Wein aus, im Alter sogar ein Vielfaches davon.

Aber nicht die Masse machte es, sondern die Qualität. Goethe war ein Weinkenner und Genießer, und gute Weine waren teuer. So zahlte der Dichter 1808 für eine Bouteille 1783er Würzburger Steinwein aus der Herzoglichen Hofkellerei einen Taler pro Flasche. Meistens kaufte Goethe bei den Weinhändlern seines Vertrauens in Erfurt, Frankfurt, Schweinfurt, Bremen oder Hamburg. Was er bestellte, wurde, wenn es teure Weine oder Champagner waren, in Bouteillen, zumeist in Kisten, geliefert. Die täglichen Trink- und Tafelweine erhielt der Herr Geheimrat in Eimern (in Sachsen ca. 56, in Schweinfurt ca. 68 Ltr.) oder in Ohm (in Rheinhessen 160 Ltr.), die im Weinkeller zumeist auf kleinere Fässer abgezogen und – wie einst im Elternhaus – sorgsam gepflegt werden mussten. Für den eigenen Gebrauch ließ man die Weine dann in Flaschen abfüllen und von Botenfrauen oder mit der Kutsche von Weimar nach Jena oder an andere Orte in der näheren Umgebung bringen, an denen sich Goethe aufhielt. Wir wissen aus den Briefen an seine Frau Christiane, dass Goethe sich oft Weinflaschen nach Jena expedieren ließ, wenn er sich dorthin zum ungestörten Arbeiten zurückgezogen hatte. Da Goethe wie sein Vater ein Haushaltsbuch führte, ist man über die Ein- und Ausgaben im Hause Goethe gut informiert. Zudem gab es ein eigenes Kellerbuch, das den Bestand an Weinen verzeichnet. Eine Momentaufnahme am 4. Mai 1816 weist den folgenden Weinbestand aus: 105 Flaschen Burgunder, 42 Flaschen Rheinwein, 3 Flaschen Elsässer, 10 Flaschen ›Eilfer‹ aus dem Rheingau, 6 Flaschen Würzburger, 6 Flaschen Lunel und 26 Flaschen Würzburger Stein. Die Aufzeichnungen verraten auch, welche Mengen Wein beim Essen an Goethes Tafel getrunken wurden. So genoss man am 5. Mai 1816 zu dritt drei Flaschen Burgunder, eine Flasche Elsässer, zwei Flaschen Würzburger und eine Flasche von Goethes Lieblingswein, dem Würzburger Stein. Der Weinkonsum lag also bei über zwei Flaschen pro Person.

Der Wein im Hause Goethe diente immer auch repräsentativen Zwecken. Aus den Zeugnissen vieler Gäste wissen wir, dass Goethe im letzten Lebensdrittel regelmäßig Künstler, Wissenschaftler, Dichter, Minister und andere Repräsentanten der Gesellschaft am Frauenplan zu Gast hatte und mit seltenen Speisen und edlen Weinen bewirtete.

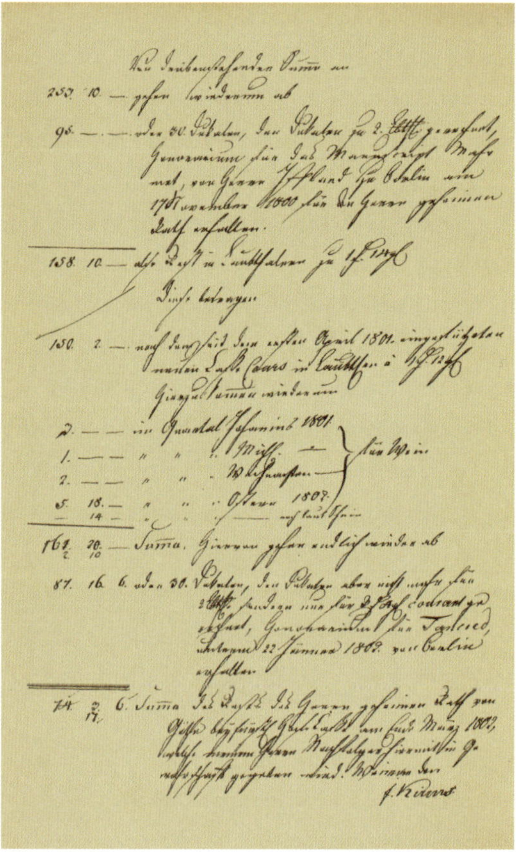

Franz Kirms und Gotthilf Sylvester Schwabe, Übersicht über die von Goethe aus der Fürstlichen Hofkellerei in Weimar von Dezember 1799 bis März 1802 bezogenen Wein-, Bier- und Pasteten-Lieferungen (Seite 2).

Aber welche Weine trank Goethe am liebsten? Gleich zu Beginn kann man festhalten, dass Goethe zwar Lieblingsweine hatte, die Weinsorten aber gern wechselte. An deutschen Weißweinen schätzte er zu den Mahlzeiten fränkische Tischweine, vor allem Wertheimer, Escherndorfer und Würzburger Steinwein, seinen »gewohnten Lieblingstrank«. Moselweine trank der Dichter ebenfalls gern. Wie die Rechnungen zeigen, genoss er auch Weine aus Ungarn (Erlauer), Frankreich (Elsässer, Riesling und Rotwein; Languedoc), Portugal (Try-Madeira als Dessertwein) und Spanien (Malaga; Muskat oder Muskateller – ein leichter Weißwein mit Muskatbukett). Auch Champagner zählte zu den in Weimar ausgeschenkten Köstlichkeiten. Prinz Louis Ferdinand von Preußen erinnert sich: »Ich habe nun Goethen wirklich kennen gelernt [...]; wir tranken eine Flasche Champagner, und er sprach ganz vortrefflich«. Besonders schätzte Goethe Weine aus dem Rheingau: Hochheimer, Rüdesheimer, Assmannshäuser, Johannisberger gehörten zu seinen Lieblingsweinen. Damit versorgte ihn bis 1795 die Mutter, nach 1814 das Ehepaar von Willemer.

Goethe trank regelmäßig Wein, etwa zwei Liter pro Tag. Schon zum zweiten Frühstück, um 10 Uhr, trank er ein Glas Süßwein, sehr gerne Madeira. Im weiteren Verlauf des Vormittags nahm er noch ein Wasserglas guten Weins zu sich, mittags pflegte der Dichter dann eine Flasche allein zu leeren, zum Dessert gab es gelegentlich noch ein Glas Champagner. Wein war im Haus am Frauenplan fester Bestandteil jedes Mahles und wurde sorgfältig auf die Speisen abgestimmt, der Madeira zur Suppe, die Würzburger und Elsässer zu den Vorspeisen und zum Fisch, Burgunder, Bordeaux und Languedoc-Weine zu den Hauptgängen. Ein Süßwein wie der Lunel oder der Tokajer wurde zum Dessert, gelegentlich wohl auch als Aperitif ausgeschenkt. Abends trank Goethe dann wieder Wein, Tee, Punch oder Champagner, waren Gäste im Haus, gerne eine weitere Flasche Rheinwein. Der Weinkonsum des Dichters mag uns aus heutiger Sicht bedenklich erscheinen, doch waren die Weine damals leichter, hatten einen geringeren Alkoholgehalt.

Bei den Rotweinen liebte Goethe den Assmannshäuser und den Oberingelheimer, schätzte vor allem aber die französischen, besonders die aus Burgund, dem Elsass und dem Languedoc.

Goethes Vorliebe für Süßweine wie Madeira, Muskateller, Muscadet, Portwein und Tokajer ist ebenfalls belegt. Den Dessert- und Aperitif-Weinen maß Goethe sogar eine gewisse Heilkraft zu. An Schiller schreibt er im Sommer 1802: »Hätte er [Meyer] sich, statt Pyrmonter Wasser hier teuer in der Apotheke zu bezahlen, ein Kistchen Portwein, zur rechten Zeit, von Bremen verschrieben, so sollte es wohl anders mit ihm aussehen«. Nicolaus Meyer war ein geborener Bremer, der für Goethes Genesung beim Bremer Rat eine Weinspende aus dem berühmten Rose-Keller des

Burgunderflasche aus grünlichem Glas mit Goethes Petschaft versiegelt.

Bremer Rathauses beantragt hatte. Pünktlich zu Goethes 74. Geburtstag kamen 12 Flaschen eines 192 Jahre alten Weines »von seltener Güte«, der, wie Meyer anmerkt, »nur tropfenweise verabreicht« werden soll.

WEINGENUSS AUF REISEN

Sicher ist: Goethe war ein Weinliebhaber und -kenner und hat seine Kenntnisse auf Reisen vermehrt. Zuerst in der näheren Umgebung, wo er schon in der Jugend »am Fuße des Johannisbergs schöne Tage gelebt und vortrefflichen Wein getrunken« hatte (an Bettine Brentano, 22. 6. 1808). Der Rheingau ist sicher das Weinanbaugebiet, das Goethe am stärksten prägte (vgl. S. 97-120). Doch auch auf Reisen ins Ausland interessierte er sich für Land, Leute, Gebräuche – und für den Weinbau. Besonders während seiner ersten *Italienischen Reise* beobachtet er die Rebhügel genau und macht sich schon in Südtirol Notizen. Auf dem Weg von Trient über Rovereto nach Verona bewundert Goethe den schönen Himmel, die milde Luft und den guten Boden, auf dem leicht Feldbau zu treiben ist. In Vicenza erfährt man schließlich etwas über den italienischen Wein der Zeit und die Trinkgewohnheiten Goethes, dem die italienischen Weine anfangs Probleme bereiteten. Frau von Stein gegenüber bemerkt er: »Ich lebe hier sehr mäßig, den roten Wein der

Gegend, schon von Tirol her, kann ich nicht vertragen; ich trinke ihn mit viel Wasser, wie der heilige Ludwig, nur schade, dass ich zum Heiligen zu alt bin«. Auch wenn diese Äußerung mit einem Augenzwinkern geschrieben wurde, belegt sie doch, dass Goethe gelegentlich Wasser in den Wein mischte und – anders als anekdotenhaft überliefert – kein entschiedener Gegner des ›Gespritzten‹ war.

In Rom, wo Goethe lange als ›Maler Möller‹ in der deutschen Künstlerkolonie in einer kleinen Wohnung in der Via del Corso lebte, gehörte der Wein zum geselligen Alltag – mit einer erotischen Komponente. In einem Gespräch mit dem bereits erwähnten Wilhelm Zahn erinnert sich Goethe 1827 an die Begegnungen mit der schönen Römerin Faustina, die er in der Osteria alla Campagna traf, wo man bei gutem Falerner Wein, Stuffato und Maccaroni beisammensaß. »Hier traf ich die Römerin, die mich zu den *Elegien* begeisterte. In Begleitung ihres Oheims kam sie hierher, und unter den Augen des guten Mannes verabredeten wir unsere Zusammenkünfte, indem wir den Finger in den verschütteten Wein tauchten und die Stunde auf den Tisch schrieben«. Poetisch hat Goethe diese Szene in der *XV. Römischen Elegie* (1791) verewigt.

In Italien, ebenso während der *Campagne in Frankreich* 1792 und auf seinen *Reisen am Rhein, Main und Neckar* in den Jahren 1814 / 15 interessierte sich Goethe für die Weinanbaugebiete, beobachtete die Reben, die Böden und das

Klima und lernte viele Weine an ihrem Ursprungsort kennen.

»GESCHWINDE HAFIS EILE HIN«: GOETHES ZEITREISE AN MAIN, RHEIN UND EUPHRAT

Vor allem Goethes letzte Reisen in die heimatlichen Gefilde bezeugen seine Liebe für die »Herrlichkeit des Rheingaus«. Der Aufbruch in die Rhein- und Maingegenden im Jahr 1814, der ihn erstmals seit 17 Jahren wieder in die Landschaft seiner Kindheit und die Stadt seiner Geburt zurückführte, war auch eine Flucht gewesen. Frankfurt am Main hatte er zuletzt 1797 besucht. Damals lebte seine Mutter noch, an deren Begräbnis im Jahr 1808 er nicht teilnahm, weil die Stadt von den Franzosen besetzt war. Nun waren Napoleons Truppen in der Völkerschlacht bei Leipzig besiegt worden. Welthistorisch standen die Zeichen auf Neubeginn, für Goethe aber auch ganz persönlich. Das Jahr 1814 markiert ein Wendejahr für den 65-jährigen Dichter, dessen Schaffenskraft ungebrochen ist und der sich bereit fühlt, zu neuen Ufern aufzubrechen.

Im Frühjahr schenkt ihm sein Verleger Cotta die erste Gesamtübersetzung des im 14. Jahrhundert lebenden persischen Lyrikers Hafis durch den österreichischen Orientalisten Joseph Freiherr von Hammer-Purgstall und weckt damit Goethes dichterische Schaffenskraft. Der Dichter bricht zu einer poetischen Reise nach Persien auf und beginnt ›Gedichte an Hafis‹ zu schreiben. Es entsteht der *West-östliche Divan*, Goethes umfangreichstes lyrisches Gedichtbuch, das 1819 bei Cotta erscheint. Die Hauptmotive der orientalischen Poesie, Liebe und Wein, sind dem Dichter seit seiner Jugend vertraut, und so streift sich der alte Goethe das Kostüm des jungen persischen Dichters ›Hatem‹ über, begibt sich auf eine Rhein- und Zeitreise und verfasst die schönsten und einprägsamsten Weingedichte seines Gesamtwerks – vor allem im Schenkenbuch, im *Saki Nemeh,* das übrigens im *Divan* auf das berühmte *Buch Suleika* mit seinen einmalig schönen Liebesgedichten folgt.

In einigen von ihnen sind auch die Rheingau-Erlebnisse von 1814 und 1815 vor- bzw. nachgefühlt – nicht zuletzt im *Lied vom Eilfer*, einem Loblied auf den Kometenwein des Jahres 1811 (vgl. S. 44 f.). Anfang September hatte er einige Tage bei der Familie Brentano in Winkel verbracht. Am Tisch von Antonia Brentano in Winkel hatte er »ganz fürchterlich viel« Rheinwein, besonders den ›Eilfer‹, getrunken. Rückblickend schreibt Goethe über seinen Lieblingswein:

> Freylich könnte es etwas bedenklich scheinen, daß meine Freundin mir abgemerkt, wie gut mir in der freyen Rhein- und Maynluft der echt deutsche Wein geschmeckt; indessen muß ich aufs dankbarlichste erken-

nen, daß Sie mir Gelegenheit geben zu versuchen, ob er hinter dem Thüringerwalde die gleiche Wirkung thue?

Diese Rheingauer Stimmung macht Goethe produktiv. Im August 1814 war er erstmals Marianne Jung begegnet, die im September seinen Freund, den Bankier Johann Jakob Willemer, heiratet. Im Sommer 1815 verbringt Goethe sogar vier Wochen in Frankfurt im Stadthaus der Willemers und auf der Gerbermühle, wo sein Geburtstag mit reichlich Rheinwein gefeiert wird. So wird die glückliche Zeit und Weinseligkeit noch zusätzlich mit Liebe und Freundschaft gewürzt. Jedenfalls wurde ihm die »Kleine«, wie Goethe Marianne liebevoll nennt, zu seiner ›Suleika‹, und das vorab erprobte poetische Rollenspiel ging nun in einer idealen Doppelbesetzung weiter – mit dem persischen Dichter Hafis als Brückenbauer zwischen Ost und West, Spiel und Realität. Das Ergebnis kann sich sehen lassen: der *West-östliche Divan*, Goethes schönstes Gedichtbuch, an dem sowohl Marianne als auch der Rheingau mitgeschrieben haben. In ihm finden sich einige von Goethes glanzvollsten Wein- und Liebesgedichten:

Denn meine Meinung ist
Nicht übertrieben:
Wenn man nicht trinken kann
Soll man nicht lieben;

Doch sollt ihr Trinker euch
Nicht besser dünken,
Wenn man nicht lieben kann
Soll man nicht trinken.

Der Besuch in den Rhein- und Maingegenden hatte für den Weintrinker Goethe aber auch einen ganz praktischen Nutzen: Von nun an versorgten ihn Marianne und Johann Jakob von Willemer regelmäßig mit guten Rheinweinen und Frankfurter Spezialitäten, die in Weimar herzlich willkommen waren. »Der Fuhrmann Weise von Apolda«, schreibt Goethe im Frühjahr 1816, »hat mir schon manches Gute gebracht, diesmal aber war er und die zwölf Apostel [12 Flaschen ›Eilfer‹] besonders willkommen. Die nähere Bekanntschaft mit diesen trefflichen Personen jedoch hat einige schlaflose Nächte verursacht. Es ist freilich ein Unterschied zwischen der Rhein- und Mainluft und der thüringischen, jene verarbeitet alles besser«.

»Fröhlich trinken, geistig schreiben«: Goethes letzte Jahre

Dieser feine Unterschied war Goethe bewusst, als er sich im Sommer 1828, nachdem er vom Tod seines guten Freundes, des Großherzogs Carl August von Sachsen-Weimar-Eisenach, erfahren hatte, nach Dornburg, einem kleinen Städtchen im Saaletal bei Jena, zurückzog. Dort, wo er mit dem Großherzog häufig fröhliche Stunden verbrachte, versucht er nun den »schmerzlichsten Zustand des Innern« zu überwinden und tut dies u. a. mit naturwissenschaftlichen Studien – auch zum Weinbau. An seinen Freund Zelter schreibt er:

> Die Aussicht ist herrlich und fröhlich, die Blumen blühen in den wohlunterhaltenen Gärten, die Traubengeländer sind reichlich behangen, und unter meinem Fenster seh' ich einen wohlgediehenen Weinberg, den der Verblichene auf dem ödesten Abhang noch vor drei Jahren anlegen ließ und an dessen Ergrünung er sich die letzten Pfingsttage noch zu erfreuen die Lust hatte.

Mit Blick auf den thüringischen Weinberg beschäftigt sich Goethe mit Johann Sigismund Kechts Schrift ›Versuch einer durch Erfahrung erprobten Methode, den Weinbau in Gärten und vorzüglich auf Weinbergen zu verbessern‹ (4. Aufl., Berlin 1827). Kechts Studien gefielen Goethe, dessen Naturbetrachtung auf Anschauung und Erfahrung beruhte. Sein *Aufsatz über den Weinbau* blieb aber Fragment.

Goethe trank sogar vom jungen Dornburger Rotwein, der ihm aber, wie der Schlossvogt berichtet, nicht bekam.

Der alte Goethe wusste Maß zu halten, und er bekam es –

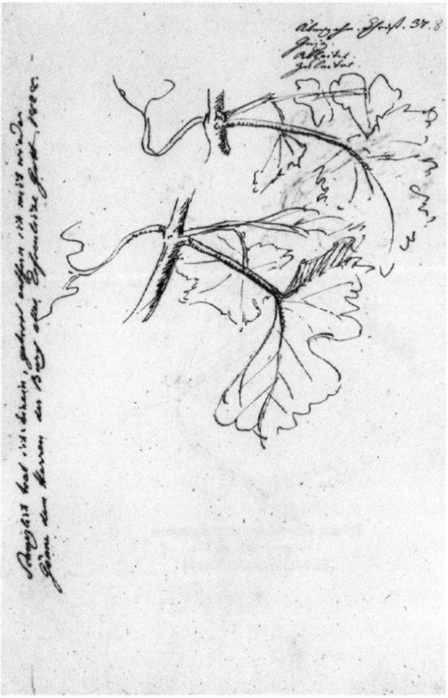

Johann Wolfgang Goethe, *Weinreben*. Bleistift, Dornburg 1828.

allerdings postum – von seinem Leibarzt Dr. Carl Vogel bestätigt. Was das Weintrinken betrifft, so sei der Dichter um 1826 »in Genüssen dieser Art schon sehr mäßig« gewesen: »Einen Tag, wie den andern, begnügte sich *Goethe* bei dem Frühstück mit einem Glase Madeira, und bei dem Mittagessen mit einer gewöhnlichen Flasche leichten Würzburger Tischwein. Nur selten nahm er auch wohl noch ein ganz kleines Gläschen *Tinto di Rota* zum Nachtisch«. Ob ein heutiger Arzt diesen Weinkonsum als »mäßig« bezeichnen würde? Dem 77-jährigen Goethe hat es offenbar nicht geschadet.

In seiner Dichtung ist der Wein von der ersten bis zur letzten Lebensphase präsent. Die letzten Weingedichte verfasst Goethe zu einem Zeitpunkt, als es immer einsamer um ihn geworden war. Mehr als ein halbes Jahrhundert lebte er nun schon in Weimar, wichtige Wegbegleiter und Freunde waren gestorben. Herder 1803, Schiller nur zwei Jahre später, Wieland folgte 1813. Seine Frau Christiane verlor er 1816, im Januar 1827 musste er von Charlotte von Stein Abschied nehmen. Im Frühling desselben Jahres zieht sich der Dichter in sein Gartenhaus zurück und schreibt zwischen Mai und Anfang Juni vierzehn Gedichte. Wie schon 1814, als er poetisch in den Orient aufgebrochen war, begibt er sich diesmal noch tiefer in den Osten, nach China. Es entsteht der Zyklus *Chinesisch-deutsche Jahres- und Tageszeiten*, der davon handelt, dass sich ein hoher chinesischer Staatsbeamter, ein Mandarin, aus den Staatsgeschäften zurückzieht und im Aufblühen der Natur in seinem Garten noch einmal an seine Liebesbeziehungen denkt. Seine Erinnerungen verschmelzen mit Naturbetrachtungen, und an den Gesetzmäßigkeiten der wieder aufblühenden Natur findet er Trost und neues Glück. In diesem neuen Rollenspiel, in dem Goethe die erlebte mit der erdichteten Realität überblendet, darf der Wein als Genussmittel nicht fehlen.

12

»Hingesunken alten Träumen,
Buhlst mit Rosen, sprichst mit Bäumen
Statt der Mädchen, statt der Weisen;
Können das nicht löblich preisen.
Kommen deshalb die Gesellen,
Sich zur Seite dir zu stellen,
Finden, dir und uns zu dienen,
Pinsel, Farbe, Wein im Grünen.«

13

Die stille Freude wollt ihr stören?
Laßt mich bei meinem Becher Wein;
Mit andern kann man sich belehren,
Begeistert wird man nur allein.

Goethes letztes Weingedicht hat jedoch wieder mit der Frankfurter Heimat und dem Rheinwein zu tun. Zu seinem 82. und letzten Geburtstag am 28. August 1831 erhält Goethe von 18 Frankfurter Freunden, zu denen Franz und Georg Brentano, Joachim Andreas Grunelius und Franz Alfred Bernus gehören, 48 Flaschen besten Rheinwein zum Geschenk, darunter so edle Weine wie 1822er Geisenheimer Rotheberger, 1783er Hochheimer Dom Präsenz, 1822er Stein-Leist-Wein – und als besondere Gabe von Christian Friedrich Koch, einem englischen Konsul und Weinhändler, der in die Bankiersfamilie Metzler eingeheiratet hatte, sechs Flaschen 1748er Rüdesheimer Hinterhaus, ein Wein, der ein Jahr vor Goethes Geburt gewachsen war. Goethe dankt »Den verehrten Achtzehn Frankfurter Festfreunden« für die ihm »verliehene Gabe von dem höchsten Werth«, die in ihren »heilsamen Wirkungen unberechenbar günstig zu achten ist«, wie es sich für einen Dichter gehört, mit einem Gedicht

Heitern Weinbergs Lustgewimmel,
Fraun und Männer, thätig, bunt,
Laut ein fröhliches Getümmel
Macht den Schatz der Rebe kund.

Dann der Kelter trübes Fliessen
Abgewartet, hellen Most,
Jahresgabe, zu geniessen,
Hoffnungsreiche Lebenskost.

Doch im Keller wird's bedenklich,
Dem Gefäss entquillt ein Schaum,
Und erstickend ziehn verfänglich
Dünste durch den düstern Raum.

Edle Kraft in sich bewahret
Wächst im Stillen unvermerkt,
Bis, gesteigert und bejahret,
Sie des Freundes Fest verstärkt.

Grosses, redliches Bemühen
Emsig still sich fördern mag;
Jahre kommen, Jahre fliehen
Freudig tritt es auf zum Tag.

Künste so und Wissenschaften
Wurden ruhig-ernst genährt,
Bis die ewig Musterhaften
Endlich aller Welt gehört.

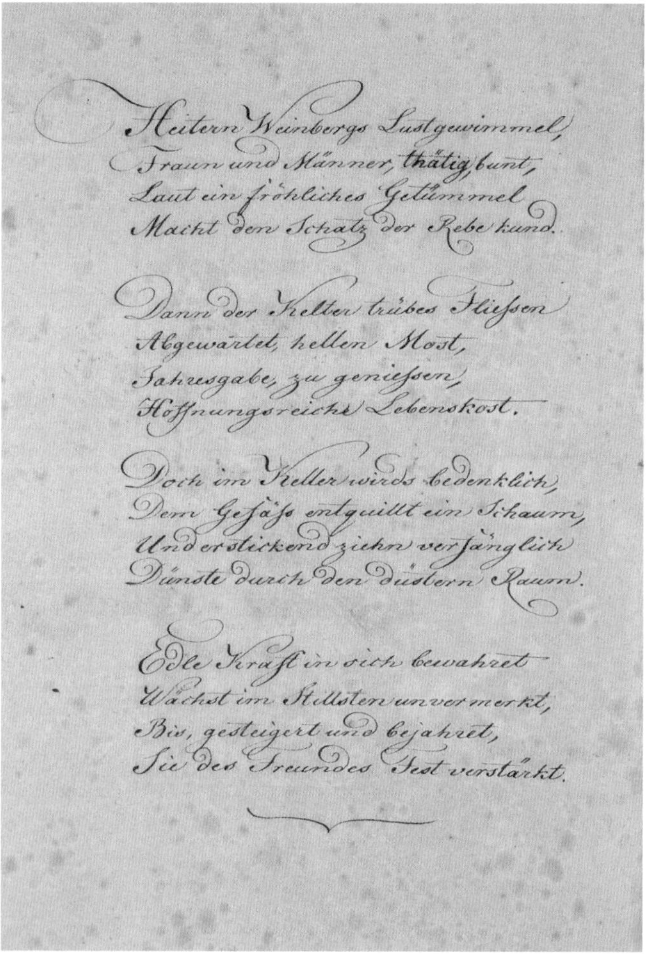

Heitern Weinbergs Lustgewimmel,
Fraun und Männer, thätig bunt,
Laut ein fröhliches Getümmel
Macht den Schatz der Rebe kund.

Dann der Kelter trübes Fliessen
Abgewartet, hellen Most,
Jahresgabe, zu geniessen,
Hoffnungsreiche Lebenskost.

Doch im Keller wirds bedenklich,
Dem Gefäss entquillt ein Schaum,
Und erstickend ziehn verfänglich
Dünste durch den düstern Raum.

Edle Kraft in sich bewahret
Wächst im Stillsten unvermerkt,
Bis, gesteigert und bejahret,
Sie des Freundes Fest verstärkt.

Johann Wolfgang Goethe, *Den verehrten Achtzehn Frankfurter Festfreunden am 28. August 1831*, S. 2.

Laut Tagebuch entstand das Gedicht am 29. September, also in jenen Tagen, wenn der Herbst beginnt und mit ihm in den Weinbaugebieten die Traubenlese. Auf den ersten Blick kann man diese Verse als ein Gelegenheitsgedicht lesen, gefällig gereimt, um den Frankfurter Freunden zu danken. Doch ein genauerer Blick auf die Handschrift, die sich heute im Freien Deutschen Hochstift / Frankfurter Goethe-Museum befindet, zeigt, dass Goethes letztes Weingedicht zugleich ein Resümee zieht und – einer Wein-Biographie des Goethe'schen Lebens würdig – das Ende mit dem Anfang verbindet. Denn der in die Vaterstadt geschickte poetische Dankesgruß beschreibt in den ersten vier Strophen mit Abschlussklammer auf der linken Seite die Entstehung des Weins, von der Lese über die Kelter und Gärung bis zur Reife, so wie sie Goethe von Kindheit an in Frankfurt am Main und im Elternhaus erleben konnte. Wenige Monate vor seinem Tod gibt ihm das edle Weingeschenk aus seiner Geburtsstadt Anlass, sich noch einmal der »edlen Kraft« des Weines bewusst zu werden und das schöpferische Zusammenspiel von Natur und Mensch bei der Weinbereitung in den zwei Strophen auf der rechten Seite, ins Geistige und Menschliche zu wenden.

Goethes Leben scheint den besten Beweis dafür zu liefern, dass der Wein Kunst, Poesie und Wissenschaft nährt und fördert. Was am 28. August 1749 »mit dem Glockenschlage zwölf« im Holztrog mit warmem Wein im Frankfurter Elternhaus begann, endet am 22. März 1832 um 11.30 Uhr im Sessel seines kleinen Weimarer Zimmers. Um 10 Uhr hatte Goethe, wie Clemens Wenzeslaus Coudray berichtet, nach Essen und einem Trunk verlangt: »Friedrich reichte ein Glas Wasser und Wein, wovon aber der Kranke nur wenig trank, die Frage an Friedrich stellend: ›Du hast mir doch keinen Zucker in den Wein getan?‹« So galt Goethes letzte Sorge der Qualität des Weines.

»ZU DES RHEINS GESTRECKTEN HÜGELN«
Goethe im Rheingau

Goethe feiert seinen 65. Geburtstag in Wiesbaden. Vielmehr wird er gefeiert; denn das Fräulein von Stein, Hofdame der Kurfürstin von Hessen-Kassel, lädt ihn zu sich, vom 27. auf den 28. August zu feiern, Frau von Holzhausen veranstaltet am nächsten Morgen ein üppiges Frühstück im Kursaal, bevor im Schloss Biebrich die nassauische Hofgesellschaft gratuliert. »Nicht wohl. Im Bette geblieben«, notiert er tags darauf. Da hatte man offenbar ein bisschen zu viel gegessen und getrunken, und das adlige Aufgebot war vielleicht zu massiv gewesen.

Unter den Geschenken sticht eines hervor: »Frau von Brentano hatte mir früh, von Winkel 10 Flaschen des ächtesten Weines gesendet, davon wurden die Freunde nun erfreut, und alles endete zum besten«, schrieb er an seine Frau Christiane in Weimar.

Die wohlgefüllte Kiste aus Winkel enthielt den ›ächtesten Wein‹ und war ein sehr willkommener Vorbote des oft angekündigten Besuchs im Winkeler Landgut von Franz und Antonia Brentano. Beim Wein handelte es sich um einen von Goethes Lieblingen, den geschätzten und bedichteten ›Eilfer‹, wohl auch um ein paar Flaschen vom Geisenheimer Rothenberg, einem Riesling-Wein, der besonders für seine edelsüßen Varianten bekannt ist.

Um seinen 65. Geburtstag feierte Goethe auch eine späte Initiation. Es war nicht sein erster Besuch in Wiesbaden und im Rheingau, aber sein bei weitem wichtigster und in poetischer Hinsicht ergiebigster. Hatten zahlreiche Dichter mit Hingabe den Rheingau seiner landschaftlichen Lage und Schönheit wegen als irdisches Paradies bezeichnet, feierte Goethe – wie man damals sagte – *das* Rheingau als sein gelobtes Weinland. Während der acht Tage vom 1. bis zum 8. September 1814, die er bei den Brentanos zu Gast war, kostete er den Aufenthalt in seinem Weinparadies aus: poetisch, in gesteigerter Wahrnehmungslust, gesellig, vor allem aber im steten Genuss des Rheingauer Weins, besonders des legendären ›Eilfers‹. Das Wetter im Rheingau hatte im Jahr 1811 ›verkehrte Welt‹ gespielt.

Im Januar wurde das Eis des zugefrorenen Rheins in Rüdesheim und Lorch bis in die Weinberge geschoben und richtete dort erhebliche Schäden an. Der März war lau und freundlich, der April warm und trocken, im Mai war es sommerlich heiß, die Trauben blühten viel früher als gewöhnlich, am 15. Juni waren sie alle verblüht. Ende Juni waren die ersten ›Pergel‹ – so heißen im Rheingau die Weinbeeren – reif. Im Juli und August verbrannten viele Trauben. Auch September und Oktober waren außerordentlich heiß. So sehr, dass es die nahezu unbekleideten Weinleser vor Hitze kaum aushielten. Manche Stöcke blühten in diesem verrückten Jahr zweimal und lieferten auch zweimal reife Trauben.

Die Ernte war dann merkwürdigerweise doch recht ergiebig. Zwar gab es weniger Wein, der aber war teuer und wegen seiner Süße und des hohen Alkoholgehalts sehr geschätzt. Manche glaubten, der hell leuchtende Komet namens Flaugergues trüge die Schuld an dem seltsamen Weinjahr.

Der legendäre 1811er Rheingau-Riesling reizte zur Spekulation. Ein Nachkomme des Frankfurter Weinhändlers Peter Arnold Mumm kaufte im Sommer 1811 die gesamte Weinernte von Schloss Johannisberg auf und machte damit das Geschäft des Jahrhunderts.

Im Rheingau wurde seinerzeit neben dem Riesling und dem Spätburgunder die dickschalige, reichtragende Orleansrebe angebaut, aus der ein schwerer Wein zu machen war, außerdem Kleinberger und Traminer. Die laut einem Weinbuch von 1791 »süße, dicke« Kleinberger Traube wurde am frühesten reif und war daher für den Beginn der Weinlese ausschlaggebend. Goethe sprach 1814 vom »sehr beliebten Aßmannshäuser Roten«, und in den Fragmenten zur *Weinkunde* von 1829 erfahren wir auch, warum: »Die rothen Weine von Aßmannshausen im Rheingau stehen im hohen Werte, sie haben vor allen am Rhein gezogenen, ja, selbst vor Burgunder rothen Weinen den höchsten Grad an Stärke.« Dass man die kenntnisreiche Geduld aufbrachte, einen guten Wein, ob rot oder weiß, lange Jahre zu lagern, bezeugt eine alte Rheingauer Weinweisheit: »Heiratest du, so leg ein

Fäßchen Orleans beiseit, ganz köstlich schmeckt er dann zur Silberzeit.«

Indes soll man sich nicht täuschen: Spitzen- oder Qualitätsweine gab es auch im Rheingau höchst selten. Es kam zu erheblichen Einbußen durch Schädlingsbefall und Witterungsschäden. Das Rheingauer Weinparadies war meistens verschlossen. Zwischen 1803 und 1865 gab es 24 schlechte und 19 gerade einmal mittelmäßige Weine im Rheingau. Im 19. Jahrhundert boten zu Goethes Lebzeiten gerade einmal die Jahrgänge 1811 und 1812 eine überdurchschnittliche Weinqualität.

Goethes ›Eilfer‹ war ein Riesling der Lage Winkeler Hasensprung, der heute von mehreren Weingütern kultiviert wird. Mit einem kleinen Sprung in die Gegenwart sei bemerkt, dass der heutige ›Goethe-Wein‹ von Schloss Vollrads ausgebaut und angeboten wird.

Goethe also wohnte acht Tage lang auf dem Landgut oder Sommersitz der in Frankfurt außerordentlich erfolgreichen Handelsfamilie Brentano. Das im Jahr 1751 von der Familie Ackermann aus Bingen gebaute Haus ging 1804 in die Geschäftsmasse der Familie Brentano ein, bis es im Winter 1806 zum Privateigentum von Franz und Antonia Brentano wurde. Um hier mit einigen ›Legenden‹ aufzuräumen: Das Brentanohaus erlebte zwar allerhand romantische Geselligkeit mit prominenten Gästen wie Friedrich Carl von Savi-

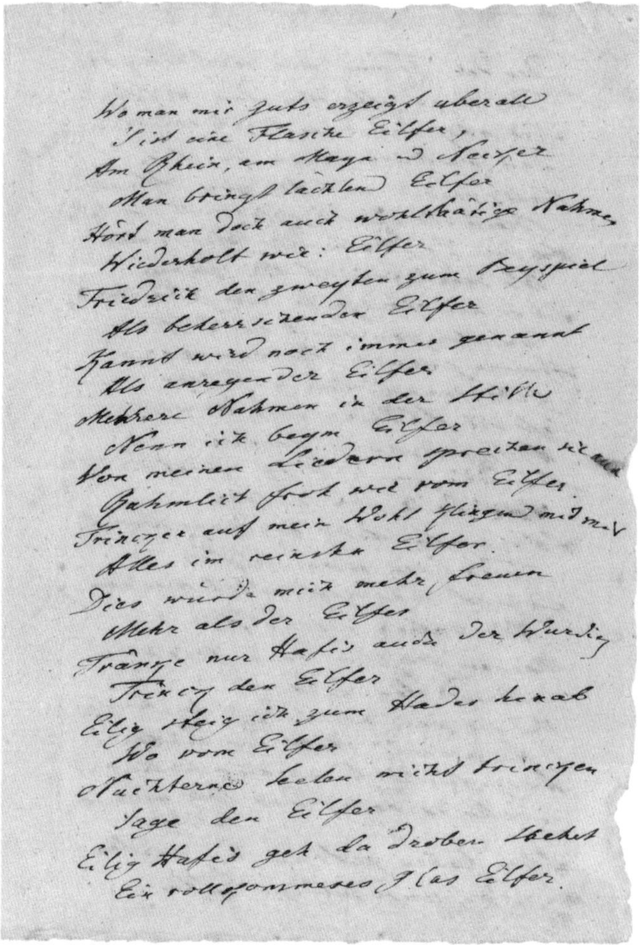
Wo man mir guts erzeigt uberall
'S ist eine Flasche Eilfer,
Am Rhein, am Mayn und Neckar
Man bringt lächlend Eilfer
Hört man doch auch wohlthätige Nahmen
Wiederholt wie: Eilfer
Friedrich den zweyten zum beyspiel
Als beherrschender Eilfer
Kannt wird noch immer genannt
Als anregender Eilfer
Mehrere Nahmen in der Stille
Nenn ich beym Eilfer
Von meinen Liedern sprechen sie nun
Rühmlich fast wie vom Eilfer.
Trincken auf mein Wohl fliegend mit mir
Alles im reinsten Eilfer.
Dies würde mich mehr freuen
Mehr als der Eilfer
Tränke nur Hafis auch der Würdig
Trincken den Eilfer
Eilig steig ich zum Hades herab
Wo vom Eilfer
Nüchterne Seelen nicht trincken
Sage den Eilfer
Eilig Hafis geh da droben lebet
Ein vollkommenes Glas Eilfer.

Johann Wolfgang Goethe, *Wo man mir guts erzeigt uberall*, 1815. Zweite Fassung des *Lieds vom Eilfer*. Reinschrift zum *West-östlichen Divan*.

gny, Niklas Vogt, Fritz Schlosser, Wilhelm Grimm und den Geschwistern Bettine und Clemens Brentano, aber Goethe war nicht »mehrmals« dort, von den Brüdern Grimm war »nur« Wilhelm zu Gast und Karoline von Günderrode hatte nicht bei Bettine auf dem Landgut gewohnt, als sie sich am 26. Juli 1806 in Winkel das Leben nahm.

Mit vollem Recht aber wird das Brentanohaus heute zu einem der wenigen authentisch erhaltenen Orte aus Goethes Leben gezählt. Die beiden Räume, die er Anfang September 1814 dort bewohnte, wurden seitdem von den Nachfahren der Familie Brentano so gut wie nicht verändert. Mittlerweile ging das historische Gebäudeensemble am Ortseingang von Winkel in den Besitz des Landes Hessen über und soll als Museum erhalten bleiben. Wie schön, dass im Rheingau, seinem gelobten Weinland, Goethe eine starke biographische Spur hinterlassen hat.

Die anderen Spuren finden sich in seinen Texten. Bevor Goethe bei den Brentanos einkehrte, besuchte er im August 1814 von der Wiesbadener Kur aus Rüdesheim und nahm am St.-Rochus-Fest bei Bingen teil. Am 16. August war er mit einigen Freunden in einer Mietkutsche aufgebrochen, um dreieinhalb Stunden später in Rüdesheim anzukommen. Im *Sankt Rochus-Fest zu Bingen* berichtet Goethe über diese Kutschfahrt und die Prozession zur St.-Rochus-Kapelle. Ein schöneres Augen-Theater, eine dichtere, so poetische wie informative Beschreibung des Rheingaus ist kaum zu finden. Die kurze Wegstrecke wird zu einer intensiven Lustreise gedehnt, bei der Goethe sich nicht sattsehen kann.

»Fruchtbarste Gaue«, Sonnenglanz, Kornfelder mit Nussbäumen geschmückt, Schiffe, die »lustig« segeln, »köstliche Terrassen«, »schattige Lindengänge« und als breiter, funkelnder Spiegel der Rhein. An Menschen fehlt es nicht im Revier: »Man sieht schöne Kinder und erwachsen wohlgebildete Menschen, alle haben ein ruhiges, keineswegs ein hastiges Ansehen«.

Von fleißiger Arbeit in Gärten, in den Weinbergen und auf Kornfeldern ist auch die Rede, aber der sorgfältig gepflegten Pracht dieser Kulturlandschaft entspricht eine zweckfreie Fortbewegungsart am meisten: »Lustfuhren und Lustwandler begegneten uns fleißig, letztere öfters mit Sonnenschirmen.« Dazwischen auch etwas Gesteinskunde: »Alles dieses Pflanzenleben der Flächen und Hügel gedeiht in einem Kiesboden, der, mehr oder weniger mit Leimen gemischt, den in die Tiefe wurzelnden Weinstock vorzüglich begünstigt.«

Das Leitmotiv dieses Textes ist aber der Wein. Eine Kurzreise von Wiesbaden nach Rüdesheim, fast durch den gesamten Rheingau. Eine Reise, die dem Wein, der Essenz dieses gelobten Landstrichs, mit dem irdischen Zauber einer nahezu vollkommenen Umgebung huldigt.

»Weingeschmückt« heißt es in den vorangestellten Versen. Der Wein ist hier aber wahrlich kein bloßes Ornament.

»Rechts nun schieben Rebhügel sich völlig an den Weg heran«, heißt es nach einer kurzen Wegstrecke. Bis Eltville, bei Goethe heißt es noch Elfeld, wechseln noch »Fruchtbau« und »Weinbau«, danach dominiert der Wein. In Hattenheim ist die Straße von Weinbergen gesäumt, Östrich liegt auf ansteigendem Boden »sehr anmutig: denn hinter dem Orte ziehen sich die Weinhügel bis an den Fluß«.

So führt der Weg nach Rüdesheim in den Gasthof zur Krone, die später ›Zum Adler‹ hieß. Am Abend wurde Rüdesheim erkundet. Der Blick geht zur anderen Rheinseite nach Bingen und zu einem Hügel: »An seinem östlichen Ende sieht man eine Kapelle, dem heiligen Rochus gewidmet, welche soeben vom Kriegsverderben wieder hergestellt wird.« Schließlich endete der Ausflug am Vorabend des Rochus-Festes mit einer reizenden Aussicht »über die unschätzbaren Weinberge; sanftere und steilere Kieshügel, ja Felsen und Gemäuer sind zur Anpflanzung von Reben benutzt«.

Goethe besuchte dann mit den Freunden am selben Abend noch die Brömserburg, die dem Grafen von Ingelheim gehörte. Man stieg über neu angelegte Treppen an den Innenwänden hinauf und ergötzte sich von den Turmzinnen aus an den umliegenden Rebhügeln. In der Dämmerung mag dann die Augenlust langsam dem Durst gewichen sein. Vor der Rückkehr zur Nacht in der ›Krone‹ folgte ein Gedenken, das als Vorlust auf den süßen, schweren Wein verstanden werden kann, den man dort wohl zu trinken hoffte. In Goethes Bericht klingt das so:

> Nun mußte denn wohl, im Angesicht so vieler Rebhügel, des Eilfers in Ehren gedacht werden. Es ist mit diesem Weine wie mit dem Namen eines großen und wohltätigen Regenten: er wird jederzeit genannt, wenn auf etwas Vorzügliches im Lande die Rede kommt; ebenso ist auch ein gutes Weinjahr in aller Munde. Ferner hat denn auch der Eilfer die Haupteigenschaft des Trefflichen: er ist zugleich köstlich und reichlich.

Dass es im Gasthaus noch Flaschen vom ›Eilfer‹ gab, ist unwahrscheinlich; denn dass der köstliche Wein nach drei Jahren noch reichlich vorhanden wäre, dürfte eher Goethes Wünschen als der Wirklichkeit entsprochen haben.

Am nächsten Morgen setzten Goethe und seine Begleiter nach Bingen über, um am St.-Rochus-Fest teilzuhaben. Die eigentlich jährlich stattfindende Wallfahrt zur Kapelle des Pestheiligen war 24 Jahre lang ausgefallen, weil die Kriege und die Grenze zum napoleonischen Frankreich, die mitten durch den Rhein verlief, die linke Rheinseite von der rechten getrennt hatten. Erst der ›Friedens- und Freundschafts-Tractat‹ vom 31. Mai 1814 hatte die Koalitionskriege offiziell beendet. Seitdem war die andere Rheinseite wieder deutsch geworden.

Das Rochus-Fest geriet so zu einer Art Wiedervereinigungsfeier, die nicht frei war von nationalem Taumel. Nichts davon bei Goethe, der angeblich beim Ausflug nach Rüdesheim von diesem Fest zunächst gar nichts gewusst hatte. In seinem *Sankt Rochus-Fest zu Bingen* findet sich dafür umso mehr über das gute Verhältnis von Wein und Geselligkeit, von Trunkenheit in Maßen und fröhlichem Volksfest.

Wie gut Weinlust und Volksvergnügung, Trinken, Reden, und populäre Weisheit zusammenpassen, erhellt Goethes Bericht über das Rochus-Fest. Dort wird auch die herausragende Stellung des Winkeler Hasensprung-Riesling von 1811 ein wenig relativiert. Goethe trank und kannte auch die anderen großen Weine des Rheingaus. Der Ausflug auf die andere Rheinseite und die Erwähnung dortiger Weine ändern nichts an der Favoritenrolle des gelobten Rheingaus.

Sankt Rochus-Fest zu Bingen

[…] Auch wir, mit fetter, dampfender Speise, nebst frischem, trefflichem Brot reichlich versehen, bemühten uns Platz an einem geschirmten, langen, schon besetzten Tische zu nehmen. Freundliche Leute rückten zusammen und wir erfreuten uns angenehmer Nachbarschaft, ja liebenswürdiger Gesellschaft, die von dem Ufer der Nahe zu dem erneuten Fest gekommen war. Muntere Kinder tranken Wein wie die Alten. Braune Krüglein, mit weißem Namenszug des Heiligen, runde-

Karl Bodmer, *Die St.-Rochus-Kapelle bei Bingen und der Rheingau.*

ten im Familienkreise. Auch wir hatten dergleichen angeschafft und setzten sie wohlgefüllt vor uns nieder.

Da ergab sich nun der große Vorteil solcher Volksversammlung, wenn, durch irgendein höheres Interesse, aus einem großen, weitschichtigen Kreise, so viele einzelne Strahlen nach Einem Mittelpunkt gezogen werden.

Hier unterrichtet man sich auf einmal von mehreren Provinzen. Schnell entdeckte der Mineralog Personen welche, bekannt mit der Gebirgsart von Oberstein, den Achaten daselbst und ihrer Bearbeitung, dem Naturfreunde belehrende Unterhaltung gaben. Der Quecksilberminern zu Muschel-Landsberg erwähnte man gleichfalls. Neue Kenntnisse taten sich auf und man faßte Hoffnung schönes krystallisiertes Amalgam von dorther zu erhalten.

Der Genuß des Weins war durch solche Gespräche nicht unterbrochen. Wir sendeten unsere leeren Gefäße zu dem Schenken, der uns ersuchen ließ Geduld zu haben, bis die vierte Ohm angesteckt sei. Die dritte war in der frühen Morgenstunde schon verzapft.

Niemand schämt sich der Weinlust, sie rühmen sich einigermaßen des Trinkens. Hübsche Frauen gestehen, daß ihre Kinder mit der Mutterbrust zugleich Wein genießen. Wir fragten, ob denn wahr sei, daß es geistlichen Herren, ja Kurfürsten geglückt acht rheinische

Maß, das heißt sechzehn unsrer Bouteillen in vier und zwanzig Stunden zu sich zu nehmen?
Ein scheinbar ernsthafter Gast bemerkte: man dürfe sich, zu Beantwortung dieser Frage, nur der Fastenpredigt ihres Weihbischofs erinnern, welcher, nachdem er das schreckliche Laster der Trunkenheit seiner Gemeinde mit den stärksten Farben dargestellt, also geschlossen habe:
»Ihr überzeugt euch also hieraus, andächtige, zu Reu und Buße schon begnadigte Zuhörer, daß derjenige die größte Sünde begehe, welcher die herrlichen Gaben Gottes solcherweise mißbraucht. Der Mißbrauch aber schließt den Gebrauch nicht aus. Stehet doch geschrieben, der Wein erfreuet des Menschen Herz! Daraus erhellet daß wir, uns und andere zu erfreuen, des Weines gar wohl genießen können und sollen. Nun ist aber unter meinen männlichen Zuhörern vielleicht keiner, der nicht zwei Maß Wein zu sich nähme, ohne deshalb gerade einige Verwirrung seiner Sinne zu spüren; wer jedoch bei dem dritten oder vierten Maß schon so arg in Vergessenheit seiner selbst gerät, daß er Frau und Kinder verkennt, sie mit Schelten, Schlägen und Fußtritten verletzt und seine Geliebtesten als die ärgsten Feinde behandelt, der gehe sogleich in sich und unterlasse ein solches Übermaß, welches ihn mißfällig macht Gott und Menschen und seinesgleichen verächtlich.

Wer aber bei dem Genuß von vier Maß, ja von fünfen und sechsen, noch dergestalt sich selbst gleich bleibt, daß er seinem Nebenchristen liebevoll unter die Arme greifen mag, dem Hauswesen vorstehen kann, ja die Befehle geistlicher und weltlicher Obern auszurichten sich im Stande findet; auch der genieße sein bescheiden Teil, und nehme es mit Dank dahin. Er hüte sich aber, ohne besondere Prüfung, weiter zu gehen, weil hier gewöhnlich dem schwachen Menschen ein Ziel gesetzt ward. Denn der Fall ist äußerst selten, daß der grundgütige Gott jemanden die besondere Gnade verleiht acht Maß trinken zu dürfen, wie er mich, seinem Knecht, gewürdigt hat. Da mir nun aber nicht nachgesagt werden kann, daß ich in ungerechtem Zorn auf irgend jemand losgefahren sei, daß ich Hausgenossen und Anverwandte mißkannt, oder wohl gar die mir obliegenden geistlichen Pflichten und Geschäfte verabsäumt hätte, vielmehr ihr alle mir das Zeugnis geben werdet, wie ich immer bereit bin, zu Lob und Ehre Gottes, auch zu Nutz und Vorteil meines Nächsten mich tätig finden zu lassen; so darf ich wohl mit gutem Gewissen und mit Dank dieser anvertrauten Gabe mich auch fernerhin erfreuen.

Und ihr, meine andächtigen Zuhörer, nehme ein jeder, damit er nach dem Willen des Gebers, am Leibe erquickt, am Geiste erfreut werde, sein bescheiden Teil dahin. Und, auf daß ein solches geschehe, alles Übermaß dagegen verbannt sei, handelt sämtlich nach der Vorschrift des heiligen Apostels, welcher spricht: Prüfet alles und das Beste behaltet.«

Und so konnte es denn nicht fehlen, daß der Hauptgegenstand alles Gesprächs der Wein blieb, wie er es gewesen. Da erhebt sich denn sogleich ein Streit über den Vorzug der verschiedenen Gewächse, und hier ist erfreulich zu sehen, daß die Magnaten unter sich keinen Rangstreit haben. Hochheimer, Johannisberger, Rüdesheimer lassen einander gelten, nur unter den Göttern minderen Ranges herrscht Eifersucht und Neid. Hier ist denn besonders der sehr beliebte Asmannshäuser rote vielen Anfechtungen unterworfen. Einen Weinbergsbesitzer von Oberingelheim hört' ich behaupten: der ihrige gebe jenem wenig nach. Der Eilfer solle köstlich gewesen sein, davon sich jedoch kein Beweis führen lasse, weil er schon ausgetrunken sei. Dies wurde von den Beisitzenden gar sehr gebilligt, weil man rote Weine gleich in den ersten Jahren genießen müsse.

Nun rühmte dagegen die Gesellschaft von der Nahe einen in ihrer Gegend wachsenden Wein, der Monzinger genannt. Er soll sich leicht und angenehm wegtrinken, aber doch, ehe man sichs versieht, zu Kopfe steigen. Man lud uns darauf ein. Er war zu schön empfohlen, als daß wir nicht gewünscht hätten, in so guter Gesellschaft, und wäre es mit einiger Gefahr, ihn zu kosten und uns an ihm zu prüfen.

Auch unsere braunen Krüglein kamen wiederum gefüllt zurück, und als man die heiteren weißen Namenszüge des Heiligen überall so wohltätig beschäftigt sah, mußte man sich fast schämen die Geschichte desselben nicht genau zu wissen, ob man gleich sich recht gut erinnerte, daß er, auf alles irdische Gut völlig verzichtend bei Wartung von Pestkranken auch sein Leben nicht in Anschlag gebracht habe.

Am frühen Morgen des 1. September 1814 schließlich brach Goethe aus Wiesbaden auf, um endlich nach wiederholten Einladungen die Brentanos in Winkel zu besuchen. Dort traf er auch auf seine Freunde Zelter und Schlosser, die auf dem Landgut der Brentanos bei einer Rheinwanderung Station gemacht hatten.

Fast überall ist zu lesen, dass Goethe auf dem Landgut der Brentanos öfter zu Gast war und dass er dort im September 1814 wochenlang blieb. Beides ist falsch. Aber die acht Tage in Winkel waren für alle Beteiligten eine lange Zeit. Der Gast nutzte sie für ausgedehnte Ausflüge in den Rheingau und auf die andere Rheinseite vom ersten bis zum achten Tag; Antonia Brentano hatte viel damit zu tun, es dem etwas schwierigen Gast stets recht zu machen. In ihren Lebenserinnerungen erwähnt sie, bei Tisch habe er sich riesige Portionen aufgetan, die er dann »immer liegen ließ«. Morgens wanderte er umher und wollte nicht angesprochen werden. Jedoch: »Von unserem guten Rheinweine konnte er aber ganz fürchterlich viel trinken, besonders von dem Elfer, und mein Mann machte ihm oft eine große Freude mit dem Geschenk eines Fäßchen Weins.«

Goethe aber bedankte sich öffentlich auf das Herzlichste bei den Brentanos für die ihm erwiesene Gastfreundschaft. Im *Supplement des Rochus-Fests, 1814*, dem drei Jahre später erschienenen tagebuchähnlichen Bericht *Im Rheingau Herbsttage* liest man: »Das lebendige Schauen der nunmehr zu beschreibenden Örtlichkeiten und Gegenstände verdanke ich der geliebten wie verehrten Familie *Brentano,* die mir, an den Ufern des Rheins, auf ihrem Landgute zu Winkel, viele glückliche Stunden bereitete.«

Dieses Kompliment wird in Goethes Brief an seinen Sohn August vom 6. September 1814 vorweggenommen. Dort heißt es: »Hier bin ich sehr gut, schön und bequem, man thut mir alles zu Lieb und Lust.« Die Gastgeber bewirten ihn nicht nur liebevoll und wohl auch nachsichtig, sie zeigen ihm die »Herrlichkeit des Rheingaus«, führen ihn zum Schloss Vollrads, auf den Johannisberg, nach Rüdesheim, zum Kloster Eibingen und auf den Niederwald und nach Nieder-Ingelheim im heutigen Rheinhessen. »Der rothe Ingelheimer Wein schmeckte gut, so wie überhaupt diese Tage her nur gute Sorten getruncken wurden«, heißt es im erwähnten Brief.

Die »Herrlichkeit des Rheingaus« ist auch in seiner überbordenden Vielfalt begründet, wobei sich zur immer wieder gepriesenen Augenweide das Interesse an den Nutzpflanzen, Gesteinsformationen, der Erd- und Weltgeschichte, der Kenntnis des örtlichen Adels und an Volksweisheiten gesellt. Auf einem handschriftlichen Blatt, das sich auf den Besuch in Winkel Anfang September datieren lässt, finden sich neben Literaturangaben – darunter das Buch: Bernhard Sebastian Nau: *Praktische Anweisung über den Weinbau*, Frankfurt am Main 1804 – drei Volksweisheiten zum Wein, die Goethe sich unter der Überschrift »Denksprüchlein der Gegend« notiert. Darunter: »Soviel Tröppchen, / Soviel Schöppchen / (: vom Martini Regen:)« oder: »Auf Vincenz hell und klar / Giebt ein gutes Weinjahr.«

Im Schlussabsatz der *Herbsttage* kommt es bei den Bemerkungen über den Wein im Rheingau zu einem schönen Dreiklang aus Vinologie, Ökonomie und Emphase. Unter dem 6. September notiert Goethe:

> *Weinbau*. Mühe dabei. Vorteile, Gewinn, Verlust. Anno 1811 wurden in Winkel 800 Stück Wein gebaut. Großer Ertrag des Zehnten. Die Güte des Weins hängt von der Lage ab, aber auch von der spätern Lese. Hierüber liegen die Armen und Reichen beständig im Streite, jene wollen viel, diese guten Wein. Man behauptet es gebe um den Johannisberg bessere Lagen; weil aber jener, als

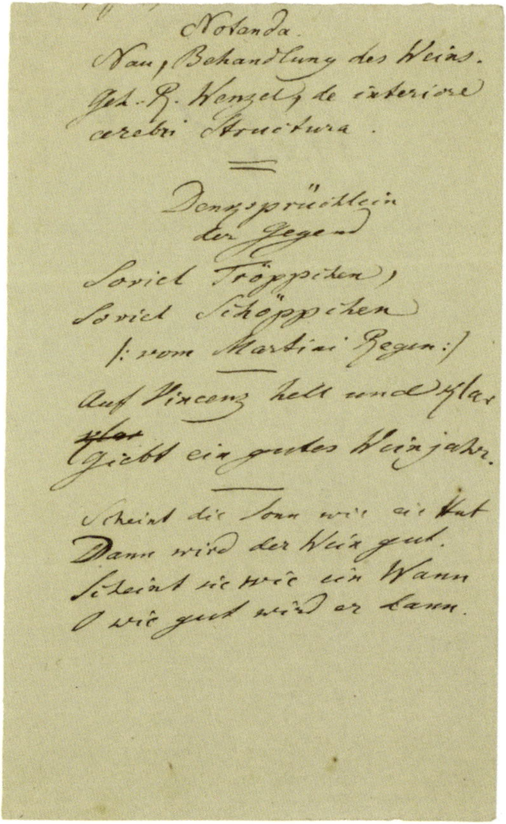

Notanda.
Neue Behandlung des Weins.
Geh. R. Wenzel, de exteriore
cerebri Structura.

Denksprüchlein
der Gegend

Soviel Tröppchen,
Soviel Schöppchen
(: vom Martini Regen :)

Auf Vincenz hell und klar
~~klar~~ Giebt ein gutes Weinjahr.

Scheint die Sonn wie ein Hut
Dann wird der Wein gut.
Scheint sie wie ein Wann
O wie gut wird er dann.

Johann Wolfgang Goethe, *Notanda und Denksprüchlein der Gegend*, Handschrift, um 1814/1815.

eingeschlossener Bezirk, seine Weinlese ungehindert verspäten könne, daher komme die größere Güte des Erzeugnisses. In den Gemeinde-Bezirken werden die Weinberge einige Zeit vor der Lese geschlossen, auch der Eigentümer darf nicht hinein. Will er Trauben, so muß er einen verpflichteten Mann zum Zeugen rufen.

Und so hätten wir denn abermals mit dem glücklichen Rundworte geschlossen:

Am Rhein! am Rhein!
Da wachsen unsre Reben!

Dieses »Rundwort« stammt wie so viele angebliche Goethe-Worte, Sätze und Sentenzen nicht von Goethe, sondern in diesem Fall von Matthias Claudius.

»Übermäßig schön« nennt Goethe den Rheingau, seine »Herrlichkeit« und sein Glanz erfreuen ihn wieder und wieder. Unter dem 2. September notiert er in dem kurzen Text *Im Rheingau Herbsttage*: »Leichte, seltsam, streifenweis, vom Horizont nach dem Zenit strebende Wolken unterbrachen die allgemeine Klarheit des Bildes, wechselnde Sonnenblikke lenkten jetzt die Aufmerksamkeit bald da bald dorthin, und das Auge ward stellenweise mit einzelner frischer Anmut ergetzt.« Am 27. Mai 1815, wieder war er zur Kur nach Wiesbaden gekommen, schreibt er an seine Frau Christiane in Weimar: »Wenn man von der Höhe vor Wiesb. den

Rhein sieht, von Oppenheim herab, bey Maynz vorbey fließen und wie er dann, gegen Elfeld, die große Aue in sich faßt und weiter hinab die Reihe von Ortschaften, der Johannesberg und bis Bingen die Landschaften erscheint; so weis man doch warum man Augen hat. Dies zu erfahren war mir sehr nötig.«

Goethe erfreut sich an reizenden Aussichten, einzelnen Bildern, ergötzt sich an schönen Anblicken. Seine ›Sehlust‹ schließt die genaue Kenntnis der Objekte mit ein. Wolken- und Gesteinskunde, Geschichtskenntnisse, morphologische Erkenntnisse behindern nicht den reizenden Anblick, sie steigern ihn.

Und die Augen sind mit dem Denken verbündet. Beides mit dem Schreiben: »Man kann lange in der Erinnerung dieser Bilder genießen. Ich habe viel aufgeschrieben um das Gedächtniß zu begründen«, heißt es in Goethes Brief an den Sohn aus dem Rheingau.

Im Rheingau kommen auf schönstem, dichtem Raum die Bedingungen glücklicher Weltaneignung zusammen. Glänzende, herrlich beleuchtete Bilder, Geselligkeit, Wissens- und Gedankenstoff und als paradiesischer Strom eine beachtliche Fülle guter Weine.

»Einen guten Wein verspricht man sich dieses Jahr, und das ist das liebste Gespräch, mit dem man allgemeiner als mit dem Wetter durchkommt. Es ist aber auch keine Kleinigkeit. Der Rheingau ist werth viele Gedanken zu absor-

Johann Wolfgang Goethe, *Verfallenes Weinbauernhaus im Rheingau.* Bleistift, 1815.

bieren«, schreibt Goethe in einem Brief an seinen Freund Meyer (den ›Kunstmeyer‹) in Weimar.

Mag der vielfach gelobte ›Eilfer‹ die Hauptrolle spielen, Goethe trank die guten Rheingau-Weine alle gern, und er kannte sie. Der Wein ist in der »Herrlichkeit des Rheingaus« nicht alles. Ohne ihn aber wäre der Rheingau für Goethe kaum etwas. Es ist also erwiesen: Im Rheingau fand Goethe ein irdisches Wein-Paradies. Das *Sankt Rochus-Fest zu Bingen* und *Im Rheingau Herbsttage* handeln davon.

Im Jahr darauf ist Goethe erneut zur Kur in Wiesbaden, und wieder besucht er den Rheingau, aber die Umstände sind unglücklich. Christiane hatte zu Anfang des Jahres einen Schlaganfall, Goethe laborierte im April an einem hartnäckigen Katarrh. Wie ein Geist aus der Flasche war Napoleon aus der Verbannung auf Elba geflohen, um für kurze Zeit auf die Weltbühne zurückzukehren. Am 27. Mai 1815 erreicht Goethe Wiesbaden und beginnt mit seinem angenehmen Kurleben. Er schreibt, redigiert, verbringt Stunden im Mineralienkabinett seines Freundes Oberbergrat Cramer und trinkt Schwalbacher Wasser. Erfreuliches bringen die Frankfurter mit: »Brentanos haben mich freundlichst besucht, Wein zurückgelassen und mich liebevoll eingeladen.«

Die kontemplative Genussreise vom Vorjahr lässt sich nicht wiederholen. Goethe nimmt am 19. Juli 1815 an der feierlichen Übergabe von Schloss Johannisberg an die Krone von Österreich teil. Von großen Rheingau-Weinen, die beim »heiteren Mittagsmahl« gewiss getrunken wurden, ist nicht mehr die Rede. Mit Cramer reist er über Limburg und Nassau nach Köln, wo man den beschädigten und geplünderten Dom besichtigt. Zurück in Wiesbaden, trifft er noch einmal die Brentanos. Zwei Tage später reist er nach Frankfurt, wo er einen Monat lang bei den Willemers in der Gerbermühle und in ihrem Stadthaus wohnen wird.

In seinem poetischen Gepäck befindet sich ein Gedicht, das er im Mai 1815 am Rhein verfasst hat und das in den *West-östlichen Divan* aufgenommen wird.

Trunken müssen wir alle sein!
Jugend ist Trunkenheit ohne Wein;
Trinkt sich das Alter wieder zur Jugend,
So ist es eine wundervolle Tugend.
Für Sorgen sorgt das liebe Leben
Und Sorgenbrecher sind die Reben.

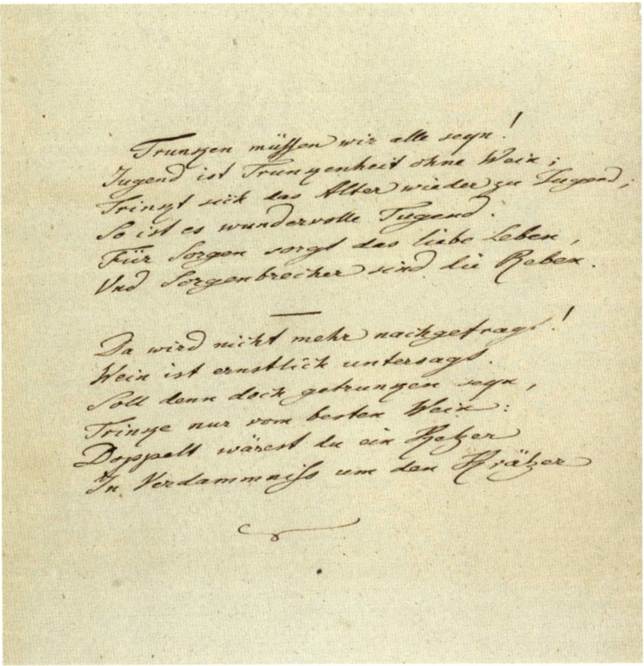

Trunken müssen wir alle seyn!
Jugend ist Trunkenheit ohne Wein;
Trinkt sich das Alter wieder zu Jugend,
So ist es wundervolle Tugend.
Für Sorgen sorgt das liebe Leben,
Und Sorgenbrecher sind die Reben.

—

Da wird nicht mehr nachgefragt!
Wein ist ernstlich untersagt.
Soll denn doch getrunken seyn,
Trinke nur vom besten Wein:
Doppelt wärest du ein Ketzer
In Verdammniß um den Krätzer.

Johann Wolfgang Goethe, *Trunken müssen wir alle sein*. Reinschrift zum *West-östlichen Divan*.

Adolf Bach: Aus Goethes rheinischem Lebensraum. Menschen und Begebenheiten. Gesammelte Untersuchungen und Berichte. Neuss 1968.

Friedrich von Bassermann-Jordan: Goethe und der Wein. Den Mitgliedern der Mannheimer Bibliophilen-Gesellschaft als Widmungsdruck gestiftet vom Verfasser. [Ansbach] 1932.

Ernst Beutler: Essays um Goethe. Frankfurt am Main und Leipzig 1995.

Werner Bockholt: »Da hab' ich mich ja umsonst besoffen…« Goethe und der Wein. Warendorf 1999.

Heiner Boehncke und Hans Sarkowicz: Die Heimat der Romantik. Literarische Streifzüge durch den Rheingau, Frankfurt am Main 2000.

Maximilian Bucher: Goethe und der Wein. In: Lutz H. Prüfer: Goethe und der Wein. Eine Weinprobe, [München] 1997, [S. 6-11].

Karl Christoffel: Der Wein in Goethes Leben und Dichtung. 2. Aufl. Bernkastel-Kues [1980].

Robert Haas: Rheingauer Geschichts- und Wein-Chronik, aus vielen zuverlässigen Quellen bearbeitet, Wiesbaden 1854.

Robert Hering: Das Elternhaus Goethes und das Leben in der Familie. In: Die Stadt Goethes. Frankfurt am Main im XVIII. Jahrhundert. Hg. von der Stadt Frankfurt am Main durch H. Voelcker, Frankfurt am Main 1932, S. 363-446.

Klaus R. Kietz: Goethes Reisen in den Rheingau, Geisenheim 1998.

Hans-Jörg Koch: Die Muse Wein. Zwischen Rausch und Kreativität, Mainz 2001.

Christoph Michel: Goethe. Der Dichter und der Wein. Frankfurt am Main und Leipzig 2000.

Renate Moering: Den verehrten Achtzehn Frankfurter Festfreunden am 28. August 1831. Faksimile mit Erläuterung. Freies Deutsches Hochstift / Frankfurter Goethe-Museum 2005.

Rainer Pörzgen: Wein für Goethe. Von Hamburg über Lüneburg nach Weimar – eine Spurensuche. Lüneburg 2010.

Karl Rolf Seufert: …ist ein feins Ländlein. Eine Kulturgeschichte des Rheingaus von den Anfängen bis zur Gegenwart, Eltville 1983.

Wie Goethe seine Honorare vertrank. [Hg. von Anton Kippenberg]. Schriften der Stadelmann-Gesellschaft. Sechster Band. Weimar, 27. Dezember 1924.

NACHWEISE

1. Texte

Die Zitate aus den Werken, Briefen und Tagebüchern Goethes sind der Frankfurter Goetheausgabe (1985-1999) im Deutschen Klassiker Verlag (Frankfurt am Main, 40 Bände) entnommen, in Ausnahmen der Weimarer Ausgabe (1887-1919).

2. Abbildungen

Anton- und Katharina-Kippenberg-Stiftung/Goethe-Museum Düsseldorf: Seite 78
Freies Deutsches Hochstift/Frankfurter Goethe-Museum: 8, 51, 62, 65, 94, 115
Klassik Stiftung Weimar: 48, 69, 81, 89, 101, 118, 121

Weitere Nachweise über das Bildarchiv des Insel Verlags.

 Bezugspapier: Reto Puppetti / plainpicture, Hamburg. Gesetzt in der Schrift Garamond. Gedruckt auf holzfreies, alterungsbeständiges Papier von der Firma Cordier, Bad Dürkheim vom Memminger MedienCentrum.
Gebunden in Fadenheftung von der Buchbinderei Spinner.
Printed in Germany
ISBN 978-3-458-19400-2